Perry Stone
Der Aufstieg des Antichristen

PERRY STONE

# Der Aufstieg des
# ANTI-
# CHRISTEN

## Der kommende fanatische Diktator
## und seine Koalition aus zehn Nationen

**Unleashing the Beast**
THE COMING FANATICAL DICTATOR
AND HIS TEN-NATION-COALITION

Deutsche Übersetzung © 2015 von

## ReformaZion Media

Braasstraße 30
D – 31737 Rinteln
Fon (05751) 97 17 0
Fax (05751) 97 17 17
info@reformazion.de
www.reformazion.de

Die Bibelzitate wurden, wenn nicht anders angegeben, der
Revidierten Elberfelder Bibel, R. Brockhaus Verlag Wuppertal, entnommen.

3. Auflage, Oktober 2016
ISBN 978-3-938972-32-8

Originally published in English by

Charisma House
Charisma Media/Charisma House Book Group
600 Rinehart Road, Lake Mary, Florida 32746 USA

**Unleashing the Beast**

Available in other languages from
Charisma Media
600 Rinehart Road, Lake Mary, FL 32746 USA
email: charismahouse@charismamedia.com

# Inhalt

Einführung     9

**1   Die Beweise sind deutlich – wir sind am Ende der Zeit**     13
Die Prophetie: Zeiten der Erstattung
Die sieben Zeichen der Endzeit
Die Bühne ist bereitet
Der Aufstieg des Prinzen von Persien

**2   Sieben liegen hinter uns und nur noch eines steht bevor**     31
Der Untergang Roms
Das achte Königreich erhebt sich

**3   Der Mensch, der das Tier sein wird**     41
Vergleich zwischen dem Buch Daniel und dem Buch der Offenbarung
Der Antichrist – ein Ungläubiger und kein Jude
Der Antichrist – ein radikaler Moslem?
Das Wort „Antichrist" in der Schrift
Bezeichnungen des Antichristen
Was die Kirchenväter glaubten

**4   Zwei Füße, zehn Zehen und ein kleines Horn mit großem Mund**     65
Das metallene Standbild in Daniel 2
Die Vision von den vier Tieren
Das kleine Horn
Die Kommandozentrale des Tieres
Weitere Belege für die islamische Herrschaft
Die tödliche Wunde
Babylon – von den Toten zurück

**5 Das 1x1 des Islams – was man wissen sollte** 89

Nach Mohammeds Tod: Zwei Zweige des Islams
Die Schiiten

**6 Islam und die letzten Tage** 99

Der letzte islamische Prophet – der Mahdi
Das rätselhafte Kommen des Imam Al-Mahdi
Weitere Überlieferungen
Das Zeichen des Krieges
Der Angriff auf Mekka – 1979
Eine Religion des Friedens?

**7 Eine Halbmond-Revolution erhebt sich
im Nahen Osten** 113

Der Aufstand im Nahen Osten
Das zukünftige Problem Ägyptens
Gleichzeitig wird der Sudan belagert
Das Vakuum bringt den Diktator hervor

**8 Der Osama-bin-Laden-Effekt und Amerika** 131

Al-Mahdi – versteckt in einer Höhle
Die Loyalität der Osama-Klone
Warum die Ergreifung bin Ladens 10 Jahre dauerte
Der Aufstieg bin Ladens
Mögliche terroristische Anschläge und die Reaktion Amerikas
Amerika – Israel ist dein Segen oder dein Fluch
Das Land, die Stadt und das Bundesvolk
Der Bund zu Jerusalem
Der Bund für das hebräische Volk
Die Grenzen vor 1967
Gottes Warnung an Führer

**9 Die Bibel und der Koran – christliche
und islamische Prophetie** 155

Die vier Reiter
Die Enthauptung von Menschen
Veränderung der Gesetze und des Kalenders
Das Königreich der Verfolgung

**10 Die zukünftige Kommandozentrale des Antichristen im Irak**     171

Das Geheimnis des antiken Babylons
Die Araber nehmen Babylon ein
Das neue Babylon – erhoben aus der Asche
Saddam Husseins Niedergang
Der Irak wird zum Regierungssitz des Tieres
Die Euphrat-Verbindung
Das Hauptargument gegen das Neo-Babylon

**11 Das Zeichen des Tieres und die Verbindung zum Islam**     187

Was ist das Zeichen des Tieres?
Hebräische Gematrie
Die Kirchenväter gebrauchten dieses System
Die Kennzeichnung jeder Person
Die ältesten Handschriften
Könnten die Buchstaben Symbole sein?
Die Zahl Sechs
Ein Name, eine Zahl und ein Zeichen
Die zwei wertvollsten Güter

**12 Der fanatische Plan des Islams für die Weltherrschaft**     213

Geiseln der Waffen
Der Antichrist und seine Waffen
Das Zustandekommen eines falschen Friedens
Wie man durch Frieden zerstören kann

**13 Die „islamische Sonne" wird im Westen aufgehen**     227

Das Emblem der aufgehenden Sonne
Die Symbole im Siegel
Politisch und religiös korrekt
Der Islam entfaltet sich im Westen
Der Einfluss des schwarzen Islam

## 14 Das „Öl-Tier" erhebt sich aus dem Meer    251

Prophetie über Öl
Spielchen mit dem Öl
Was Amerika nicht erkannt hat
Der nächste Anschlag auf amerikanischem Boden
Der schwarze Wind des Todes
100.000 beim nächsten Angriff
Pläne, um die amerikanische Wirtschaft zu schädigen
Der Coca-Cola-Schrecken
Muslime beeinflussen die amerikanische Wirtschaft

## 15 Der umstrittene Felsendom    267

Der historische Berg Moria
Der Felsendom
Der islamische Streit
Der jubelnde Stein
Ein zukünftiger jüdischer Tempel?
Wie lautet also der Plan?
42 Monate für den Bau eines Tempels?
Wer wird den Tempel wieder aufbauen?
Die zwei Zeugen – Elia und Henoch
Das Hauptargument
Das einäugige Monster
Die Buchstaben auf der Stirn
Das Bildnis des Tieres
Schlussfolgerung

## Anhang    297

Die sieben Phasen des antichristlichen Manifests

## Endnoten    303

# Einführung

Gleich düsteren Wolken, die einen bevorstehenden Sturm ankündigen, verbreitet sich eine unheilvolle Stimmung über Nordamerika. Diese gespannte Erwartung erinnert mich an Fallwinde mit raschelnden Blättern und abknickenden Zweigen, bevor der südliche Aprilsturm aus dem Westen hereinbricht. Gleich den aalglatten, redegewandten, immerzu die guten Zeiten verheißenden Politikern, welche durch die mit Marmor ausgelegten Hallen des Kongresses stolzieren, und den in Nadelstreifenanzügen gekleideten Wall Street Brokern scheint sich jeder darum zu sorgen, wie Amerikas Erfolg gesichert werden kann. Gehören die guten finanziellen Zeiten nur noch der Erinnerung an? Betreten wir einen dunklen Tunnel des moralischen und geistlichen Abschwungs?

Die meisten prophetisch vorhergesagten Weltreiche hielten sich nur über zwei- bis dreihundert Jahre; dann überschritten sie ihren Zenit und verschwanden langsam. Dennoch müssen wichtige historische Weltreiche nicht notwendigerweise ganz von der Bühne verschwunden sein – doch viele haben heute nicht mehr die einstige frühere Macht, den ehemaligen Einfluss oder die wirtschaftliche Stärke. Sie wurden Nachfolger statt Leiter, Schuldner statt Geldgeber, Schwanz anstatt Kopf (5. Mose 28:43-44).

Die Amerikaner haben sich von der Zapfsäule abhängig gemacht und spüren die hohen Benzinkosten und wie das Geld für den Lebensunterhalt aus ihren Geldbörsen schwindet. Manche Menschen suchen nach wenigen rostigen Cents und Wechselgeld in Schubladen, um etwas Milch und Brot auf den Tisch bringen zu können. Nationen beobachten ängstlich, wie sich Europa zu einer grenzübergreifenden Koalition unter dem starken Arm der Europäischen Union zusammenschließt und fragen sich: Wird die neue Währung, der Euro, den Dollar ersetzen? Wird sich ein vereinigtes Europa aus der Asche der vergangenen Kriege erheben, und sich zum führenden letzten Weltreich entwickeln?

Falls Europa das letzte Reich sein sollte, was geschieht dann aber mit den etwa 1,4 Milliarden Muslimen in der ganzen Welt? Diese haben seit 1400 Jahren auf die letzten Tage und auf die Vereinigung eines letzten *islamischen Kalifates* unter Regierung ihres *Kalifen* Ausschau gehalten. Ihr „Erwarteter" soll die Welt regieren, indem er mit der einen Hand ein Schwert führt und mit der anderen den Koran schwenkt. Werden die Muslime den westlichen Mächten mit ihren liberalen Demokratien erlauben, sich über ganz Europa auszubreiten und somit die 14 Jahrhunderte alte islamische Kultur, Religion und Tradition bedrohen lassen?

Wohin bewegt sich Amerika, und welchen Weg beschreitet die Welt? Wer wird sich als Führer und Leiter aus dem Meer der Nationen erheben? Den biblischen Propheten gemäß wird sich aus dem Ozean der Menschheit ein Königreich erheben, welches biblische Visionäre als das *Reich des Tieres* bezeichnen. Der Kopf dieser Koalition wird zehn Könige mit ihren Nationen vereinen, die einen letzten Kampf gegen Israel, Jerusalem und die Juden führen werden. Diese Koalition wird alle Ankäufe und Verkäufe kontrollieren und nur denen erlauben, Güter zu kaufen und zu verkaufen, welche ihre Herrschaft, ihre Religion und ihr Zeichen annehmen (siehe Offenbarung 13:16-18).

Vor dem 11. September 2001 konnte niemand – ausgenommen ein paar hochrangige Offizielle in den nationalen Nachrichtendiensten – ein solches Königreich in Amerika vorhersehen. Seitdem vergeht kaum ein Tag ohne Schlagzeile aus einer islamischen Nation (wie z.B. Irak, Iran, Afghanistan oder Pakistan). Fanatische islamische Regime wie die Hamas und die Hisbollah versprühen feurige Reden. Wie Flammenschwerter kommt aus ihrem Mund die Botschaft: „Tod dem kleinen Satan Israel und Tod dem großen Satan Amerika." Wohin gehen wir, und welche Rolle wird Amerika auf dieser Endzeitbühne spielen?

Dieses aufschlussreiche und prophetisch ergreifende Buch *Der Aufstieg des Antichristen* wird biblische Prophetien und islamische Überlieferungen detailliert beschreiben. Sie verweisen auf das Kommen eines künftigen Königreiches und einen letzten weltweiten Gewaltherrscher, welcher die Erde an sich reißt. Man wird gewahr, dass die Bibel diesen Menschen als *Antichristen* bezeichnet und dass der Islam diesen Führer des letzten Kalifates den *Mahdi* nennt.

Seit 1993 habe ich einigen muslimischen Freunden aus dem Nahen Osten meine Recherchen anvertraut. Obwohl sie nicht mit meinen Schlussfolgerungen übereinstimmten, standen sie mir zu, die biblisch-prophetischen Informationen noch nie auf diese Weise gesehen zu haben. Dies ließ sie über die Vorhersagen der Bibel nachdenken.

Es mag Christen geben, deren Meinungen und Ansichten sich von den Aussagen dieses Buches unterscheiden. Ich möchte frische Einsichten vermitteln und traditionelle Geisteshaltungen durch die prophetischen Ereignisse herausfordern. Denn einige Prophetien sind im Licht der laufenden Ereignisse besser zu verstehen.

Der Herr sagte selbst: „So kommt denn, und lasst uns miteinander rechten." (Jesaja 1:18). Lies weiter und erhalte einen frischen Blick auf das biblische Konzept der Endzeit (Daniel 8:17).

# 1

# Die Beweise sind deutlich – wir sind am Ende der Zeit

**Und er sagte: Geh hin, Daniel! Denn die Worte sollen geheim gehalten und versiegelt sein bis zur Zeit des Endes.** Daniel 12:9

Die prophetischen Seher sind wieder da. Sobald sich ein wichtiger Vorfall ereignet und den Planeten heimgesucht hat, wie ein Krieg im Mittleren Osten, ein Tsunami, ein tödliches Erdbeben oder ein Wetterphänomen in der Art des Wirbelsturmes „Katrina", zwitschern prophetische Lehrer und weltliche Wahrsager ihre Warnungen, wie Vögel im April den Frühlingsanfang ankündigen. Seit Christus vom Ölberg in Jerusalem auf einer Wolke in den Himmel aufstieg, haben über die Jahrhunderte hinweg prophetische Prediger und Lehrer versucht, jede andere am Horizont auftauchende Wolke eines weltweiten Konfliktes als *die* Wolke zu erkennen, auf welcher Jesus zurückkehren könnte. Befinden wir uns wirklich am Ende der Zeit, und falls dies stimmt, was genau ist die Endzeit?

Zuerst einmal ist die Endzeit nicht das *Ende aller Zeiten*. Dieser Ausdruck wird oft benutzt, wenn Gläubige über die letzten Tage sprechen. Das Wort „Endzeit" kann man weder im Alten noch im Neuen Testament wiederfinden. Auch ist die Endzeit nicht das *Ende der Welt*, wie manche behaupten.

Die Auffassung, die Welt würde sich dem Ende zuneigen, ist durch ein Missverständnis bei der Übersetzung eines Verses aus dem Matthäus-Evangelium entstanden. Christus hatte geweissagt und …

**… als er auf dem Ölberg saß, traten seine Jünger zu ihm und sprachen, als sie allein waren: Sage uns, wann wird das geschehen? Und was wird das Zeichen sein für dein Kommen und für das Ende der Welt?**

Matthäus 24:3 (LU)

Die Aussage „Ende der Welt" malt ein Bild von einer vollständigen Vernichtung des Planeten und der totalen apokalyptischen Auslöschung der Menschheit auf die Leinwand der menschlichen Vorstellung. Weil das Neue Testament in Griechisch geschrieben wurde, können sich die Bedeutungen verschiedener griechischer Worte von den deutschen Worten unterscheiden. Beispielsweise gibt es drei verschiedene griechische Worte, die im Matthäusevangelium, Kapitel 24 für ,Welt' gebraucht werden: Bei jener berühmten Rede auf dem Ölberg, als Jesus die Zeichen der Zerstörung von Jerusalem vorhersagt, bei der zukünftigen Trübsal und Seiner Rückkehr, um Sein Königreich aufzurichten. Diese drei griechischen Worte für *Welt* sind:

| Das Wort in Matthäus | Das griechische Wort | Die Bedeutung |
| --- | --- | --- |
| **Das Ende der Welt** **(Matthäus 24:3)** | aion | Ein Zeitalter oder Zeitabschnitt |
| **Das Evangelium wird in aller Welt verkündigt** **(Matthäus 24:14)** | oikoumene | Der Globus, die Erde (Römisches Weltreich) |
| **Die Trübsal beeinflusst die Welt** **(Matthäus 24:21)** | kosmos | Die bewohnte Welt |

In Matthäus 24:3 bitten die Jünger Christus, ihnen die Zeichen Seiner Rückkehr zu enthüllen. Als Jesus vom „Ende" sprach, verwies Er nicht auf das Ende des Planten Erde, sondern auf das „Ende" – *aion;* das Ende des *Zeitalters.* Diese jüdischen Jünger waren in den Synagogen aufgewachsen und hatten Verständnis über die prophetischen Schriften. Sie waren darüber gelehrt, dass die hebräischen Propheten ein kommendes Königreich vorhergesehen hatten, in dem eine messianische Person die Welt regieren würde, Israels Feinde geschlagen und die Juden die führende ethnische Gruppe sein würden. Alle Völker würden sich einmal im Jahr in Jerusalem zur Anbetung versammeln (Sacharja 14:16). Der Prophet Daniel sagte Folgendes voraus:

**Ich schaute in Visionen der Nacht: Und siehe, mit den Wolken des Himmels kam einer wie der Sohn eines Menschen. Und er kam zu dem Alten an Tagen, und man brachte ihn vor ihn. Und ihm wurde Herrschaft und Ehre und Königtum gegeben, und alle Völker, Nationen und Sprachen dienten ihm. Seine Herrschaft ist eine ewige Herrschaft, die nicht vergeht, und sein Königtum so, dass es nicht zerstört wird.** Daniel 7:13-14

Der Ausdruck *Sohn des Menschen* wird 108-mal im Alten Testament der King James Bibelausgabe benutzt. Gott bezeichnet den Propheten Hesekiel 93-mal als Sohn des Menschen. In Daniels Prophetie wird der Messias einmal als „Einer, wie der Sohn eines Menschen, kommend in den Wolken" bezeichnet (Daniel 7:13). Im Neuen Testament bezeichnet sich Jesus selbst bei zahlreichen Gelegenheiten als „Menschensohn" (Johannes 1:51; 3:13; 6:27). Christus kam, um das Evangelium vom Königreich zu predigen, Wunder zu tun und die Zukunft Israels vorherzusagen. Die Jünger erkannten, Er war der Messias (Menschensohn), von dem Daniel prophezeit hatte, dieser würde das endgültige und siegreiche Königreich auf die Erde bringen (Daniel 7:18+22+27).

Nach Jesu Aussage würden folgende verschiedene Schlüssel-
ereignisse vor der Errichtung des endgültigen messianischen
Königreichs in Jerusalem geschehen: Dem letzten Zeitalter
würden Kriege und Kriegsgerüchte, Hungersnöte und Seuchen
an verschiedenen Orten vorausgehen (Matthäus 24:6-7),
feindliche Armeen würden Jerusalem einkreisen und schließlich die Stadt und den Tempel zerstören (Matthäus 24:2;
Lukas 21:20). Er gab umfangreiche Warnungen vor großen
Verfolgungen, vor der Entzweiung innerhalb der Familien und
dem Aufkommen von Streit und Hass (Matthäus 24:9-12).
Danach offenbarte Christus den entscheidenden Hinweis auf
die Krönung des Menschenzeitalters.

**Und dieses Evangelium des Reiches wird gepredigt werden auf dem
ganzen Erdkreis, allen Nationen zu einem Zeugnis, und dann wird das
Ende kommen.** Matthäus 24:14

Die Verbreitung des Evangeliums im Römischen Reich war
für die Jünger ein Zeichen für die Erfüllung der Zeit für Israel,
Jerusalem, den Tempel und das jüdische Volk. Vom Pfingsttag
an, etwa 32 nach Christus, als die Gemeinde geboren wurde,
bis zum Jahre 70 nach Christus, als die 10. Römische Legion in
Jerusalem einfiel, die Stadt zerstörte und sie etwa ein Jahr später
dem Erdboden gleich machte, war das Evangelium überall im
Mittelmeerraum, also der Gegend, die wir den Mittleren Osten,
Europa und Kleinasien nennen, gepredigt worden. Für Israel,
Jerusalem und den Tempel kam das *Ende*, so wie es Christus in
Matthäus 24:1-2 vorhergesagt hatte.

Heute versuchen einige gut meinende, aber theologisch nicht
korrekte Menschen zu beweisen, dass sich all die Prophetien
bezüglich der Endzeit und der Rückkehr Christi zwischen
den Jahren 66 bis 70 nach Christus erfüllt hätten. Sie zitieren

den Historiker Flavius Josephus, der behauptete, seine Angaben würden den Beweis dafür liefern, alle von Christus vorhergesagten kosmischen Zeichen hätten sich schon erfüllt. Diese von Josephus aufgezeichneten Ereignisse beinhalten seltsame kosmische Aktivitäten – ein wie ein Schwert geformter Stern hängt über der Stadt und ein Komet erscheint für ein Jahr bis zur Zerstörung über Jerusalem. Er erzählt auch von einem übernatürlichen, in der Nacht sichtbarem Licht sowie vom Osttor des Vorhofes, welches „von zwanzig Männer geschlossen wird, das auf einem mit Eisen armierten Fundament ruht und dessen Angeln sehr tief im festen, aus einem einzigen Stein bestehenden Boden verankert sind und das sich dann eigenständig etwa zur sechsten Stunde der Nacht öffnete."[1]

Wenn mir jemand sagt, Matthäus 24 habe sich bereits im Jahre 70 nach Christus erfüllt, rate ich ihm, *alles* zu lesen, was in Matthäus 24 die Zerstörung des Tempels, die Zeichen des Kommens Christi und die Endzeit betrifft. Der letzte Teil von Matthäus 24, Verse 15-21 vollzog sich weder 70 nach Christus, noch zu einer anderen vergangenen Zeit. Diese Zeichen beinhalten:

- Das Gräuelbild der Verwüstung an heiliger Stätte in Jerusalem (Matthäus 24:15).

- Eine große Trübsal, wie sie noch nie in der Weltgeschichte geschehen ist oder geschehen wird (Matthäus 24:21).

- Die Verkürzung der Trübsalszeit um der Auserwählten willen (Matthäus 24:22).

- Die Verdunkelung der Sonne, der Mond scheint nicht mehr, und die Sterne fallen (Matthäus 24:29).

- Der Menschensohn erscheint in den Himmeln und wird von allen gesehen werden (Matthäus 24:30).

- Engel sammeln Seine Auserwählten von den vier Enden der Erde (Matthäus 24:31).

Diese Ereignisse haben noch nicht stattgefunden, werden sich aber am Ende der Zeit entfalten. Dieses kleine, aus vier Buchstaben bestehende Wort *Ende* wird somit wiederholt im Matthäus-Evangelium benutzt. Bei der Beantwortung der Frage ob wir uns wirklich in der Endzeit befinden, ist dieses Verständnis wichtig.

Die Jünger fragten nach den Zeichen des *Endes* der Zeit. Im Griechischen bedeutet dieses Wort „der Abschluss oder die Vollendung einer Sache". Das *Ausführliche Wörterbuch für Wörter des Alten und Neuen Testament* von W. E. Vine führt bezüglich des Wortes *Ende* aus, es „bezeichnet keinen Schluss, sondern das Zusteuern auf Ereignisse zu einem bestimmten Höhepunkt."[2] Die Jünger erfragten bestimmte Hinweise auf den Abschluss und die Vollendung des Zeitalters. Dieses Wort *Ende* wird in Matthäus 24 gebraucht, wenn Jesus vor Kriegen, Hungersnöten und Seuchen warnt und sagt, wenn diese Zeichen auf der Erde zu beobachten seien, ist dies „der Anfang der Wehen" (Vers 8) aber, „das Ende ist noch nicht da" (Vers 6). Das griechische Wort *Ende (telos)* in dieser Passage ist ein gebräuchliches Wort. Es wird auch in Matthäus 24:13 benutzt, als Jesus sagt, „... wer aber bis ans Ende ausharrt" und ebenso in Matthäus 24:14, nachdem das Evangelium überall in der Welt gepredigt wurde, wird „das Ende der Zeit kommen."

Bei diesen verschiedenen Bezügen steht das griechische Wort *telos*, welches verschiedene Bedeutungen aufweist, unter anderem meint es: „aufbrechen", „ein Endziel, das Äußerste und den Abschluss einer Sache erreichen". Gemäß dem

*Griechischen Lexikon von Thayer* zeigt *telos* die „Beendigung", die „Begrenzung einer Sache" an.[3] In griechischen Schriften verweist *telos* immer auf das Ende irgendeiner Handlung oder eines Zustandes, nicht aber auf die Beendigung einer Zeitperiode, die im Griechischen als *teletutte* bezeichnet wird.

Beachte, dieses Wort gibt die Begrenzung von irgendetwas an, aber nicht das Ende einer Zeitperiode. Mit anderen Worten offenbart Christus, wie bestimmte Zeichen das Ende eines Zeitalters und den Anfang eines neuen Zeitalters anzeigen. Es bezieht sich nicht auf „die Endzeit", einen Begriff, den manche benutzen, der aber nicht in der Schrift zu finden ist. Der Ausdruck *des Endes der Zeit* mag vielleicht aus Offenbarung 10:6 kommen, dort sagt ein Engel während der Trübsal: „Es soll hinfort keine Zeit mehr sein" (Luther). Eine deutlichere Übersetzung ist: „Die Zeit wird nicht länger verzögert."[4]

Dieser Vers in der Offenbarung spielt darauf an, wie die prophetischen Ereignisse die am Ende der Zeit eintretende Große Trübsal umgeben und sich plötzlich wie ein Sattelschlepper beschleunigen, der ohne Bremsen den Hang hinunter rauscht. Sobald sich die letzte Zeit in Bewegung gesetzt hat, werden die Prophetien schneller geschehen, als irgendjemand mit ihnen Schritt halten könnte. Solange diese unbändige Kraft nicht beseitigt ist, werden die Ereignisse nicht aufhören (siehe 2. Thessalonicher 2:1-8).[5] Die tatsächliche Bedeutung der „Endzeit" bezieht sich auf verschiedene prophetische Zeichen, die auf die Rückkehr Christi deuten und alle während eines Zeitalters und einer Generation eintreffen.

Jesus warnte Seine Generation, sie würden die Zerstörung Jerusalems erleben, weil ihre Vorväter Schuld an der Tötung der Propheten trügen:

> Deswegen siehe, ich sende zu euch Propheten und Weise und
> Schriftgelehrte; einige von ihnen werdet ihr töten und kreuzigen,
> und einige von ihnen werdet ihr in euren Synagogen geißeln und
> werdet sie verfolgen von Stadt zu Stadt, damit über euch komme
> alles gerechte Blut, das auf der Erde vergossen wurde, von dem
> Blut Abels, des Gerechten, bis zu dem Blut Secharjas, des Sohnes
> Berechjas, den ihr zwischen dem Tempel und dem Altar ermordet
> habt. Wahrlich, ich sage euch, dies alles wird über dieses Geschlecht
> kommen. Matthäus 24:34-36

Genauso wie Christus eine letzte Zeit (*Ende*) für Israel,
Jerusalem und den Tempel vorhergesagt hatte (geschehen
70 n. Chr.), haben die biblischen Propheten eine zukünftige
Generation gesehen, welche von der Rückkehr der Juden
nach Israel aus den heidnischen Nationen berichten können,
dem Wiederaufbau und der Ausdehnung Jerusalems unter
jüdischer Herrschaft, dem Erblühen des Landes und der
Wiederherstellung sowie dem Wiederaufbau des Tempels.

Es gab eine Generation, die sich persönlich an die Vorhersagen
Jesu erinnern konnte, sich zwischen 66 und 70 n. Chr. in
Jerusalem von feindlichen Armeen umzingelt sah und die
Zerstörung der Heiligen Stadt bezeugen konnte. Die meisten
traditionellen und prophetischen Lehrer glauben, dass jene
Generation, welche den Wiederaufbau Israels und Jerusalems
sowie die Rückkehr der Juden erlebt, die Generation am Ende
der Zeit sein würde. Der Apostel Paulus offenbarte lebhaft eine
Verbindung zwischen diesen zukünftigen Wiederherstellungen
und der Rückkehr Christi.

### Die Prophetie: Zeiten der Erstattung

> So tut nun Buße und bekehrt euch, dass eure Sünden ausgetilgt
> werden, damit Zeiten der Erquickung kommen vom Angesicht des

**Herrn und er den euch vorausbestimmten Jesus Christus sende! Den muss freilich der Himmel aufnehmen bis zu den Zeiten der Wiederherstellung aller Dinge, von denen Gott durch den Mund seiner heiligen Propheten von jeher geredet hat.** Apostelgeschichte 3:19

Die Rückkehr Christi ist abhängig von „den Zeiten der Wiederherstellung aller Dinge." Das Wort *Zeiten* steht im Plural und bedeutet „eine Abfolge von Ereignissen" verbunden mit einer Erstattung. Das Wort für *Erstattung* ist dem Wort für *Wiederherstellung* ähnlich. Das griechische Wort für *Erstattung (apokatastasis)* wurde bei der Rückkehr der Juden aus Ägypten nach Israel unter der Führung von Mose verwendet, wie auch bei ihrer Rückkehr nach Israel aus der Babylonischen Gefangenschaft. In beiden Fällen wurde die hebräische Nation aus der Knechtschaft entlassen, kehrte in ihr Land zurück und baute das Land durch Landwirtschaft und Ackerbau wieder auf (Jeremia 27:22; Joel 2:25). Christus wird nach einer Zeit des Wiederaufbaus zurückkehren.

Die biblischen Propheten sagten ebenso eine Reihe von Wiederherstellungen voraus, die sich vor der Rückkehr des Messias entfalten würden. Wenn diese Vorhersagen sich zu ereignen beginnen, ist dies ein Hauptzeugnis dafür, dass der Abschluss des Zeitalters bevorsteht und das Königreich des Messias am Horizont erscheint.

Das erste Hauptereignis sollte die Neugründung des Staates Israel sein. Mehr als hundert Jahre bevor Israel am 14./15. Mai 1948 wiedergeboren wurde, begannen biblische Wissenschaftler, welche die wortgetreuen Interpretationen der Wiederherstellungsprophetien anerkannten, niederzuschreiben und zu lehren, dass die Juden zu einer wiederhergestellten Nation mit Namen Israel zurückkehren müssten, bevor der Herr wiederkommen würde.

Einer dieser Männer war Professor S. W. Watson, der 1888 lehrte, drei Dinge müssten vor Christi Rückkehr geschehen. Erstens, Israel müsste wieder eine Nation sein. Zweitens, Jerusalem müsste in der Hand und unter Kontrolle der Juden sein, und drittens müssten die Juden schließlich aus allen Nationen in das verheißene Land zurückkehren. Im Jahre 1912 schrieb A. B. Simpson ein Buch mit dem Titel *Der Kommende*, in dem er ausführte:

**Dann gibt es die Verheißung seiner [Israels] Wiederherstellung. Das wird in zwei Schritten geschehen: zuerst staatlich und dann geistlich. Die zwei Schritte werden durch Hesekiel in der Vision des Tales der Totengebeine dargestellt.** [6]

Im Jahre 1940 schrieb Harry Rimmer ein prophetisches Buch mit dem Titel *The Coming War and the Rise of Russia* [7] – *Der zukünftige Krieg und der Aufstieg Russlands*. Hierin deutete er auf vierzehn Ereignisse hin, die vor dem Kommen Christi geschehen müssten. Er gab an, die Juden würden nach Palästina zurückkehren und Jerusalem zurückerhalten, und er sagte einen großen Krieg voraus, der die Rückkehr der Juden nach Palästina zur Folge hätte. Er sprach ebenso von Hitler, der Teilung Deutschlands und der späteren Wiedervereinigung des Landes.

In den 1930er und 1940er Jahren verbrachte ein großartiger Bibelgelehrter, Finis Dake, Verfasser der *Dake's Annotated Bible – Dakes Bibel mit Anmerkungen* - Tausende von Stunden damit, die Schriften zu erforschen und persönliche Gedanken und Kommentare zu jedem Vers niederzuschreiben. Im Buch Jesaja, Kapitel 35, sagte der Prophet Jesaja eine Zeit voraus, in der die dürre Wüste Israels wie eine Rose erblühen und die Welt mit ihren Früchten überschüttet würde (Jesaja 35:1; siehe auch Jesaja 27:6). Zur Zeit der Nachforschungen von

Dake war Palästina entweder ein Sumpfgebiet oder eine wilde trockene Wüste mit wenig oder sogar ohne Vegetation. Vor diesem Hintergrund kommentierte Dake zur 2.500 Jahre alten Vorhersage Jesajas, Israels Wüste würde erblühen und die Welt mit ihren Früchten füllen, Folgendes:

Eine vollständige Wiederherstellung oder Neugründung. Es bezieht sich auf das Millennium, wenn Christus für 1.000 Jahre regieren wird. Keine Prophetie bezüglich des Kommens des Herrn kann sich erfüllen, bis die Juden zurück in ihrem Land sind. [8]

Bereits in den 1930ern und frühen 1940ern verstand Dake zwei Tatsachen: keine Prophetie über das Kommen des Herrn könnte sich erfüllen, bevor die Juden in ihr Land (Israel) zurückgekehrt sind, und das Erblühen der Wüste würde buchstäblich geschehen und nicht nur als irgendein geistliches Sinnbild. Mit anderen Worten würde das trockene Land eines Tages fruchtbar werden. Er verfehlte sich nur bei einem Teil seiner Interpretation. Er platzierte die Zeit dieser Erfüllung in die 1.000-jährige Regierungszeit Christi (Offenbarung 20:4), nicht in die Endzeit. Als seine Bibelgedanken aufgeschrieben wurden, waren die Juden noch unter den Nationen vermischt und wurden von den Nazis verfolgt. Die Nation Israel gab es nicht, das Land wurde Palästina genannt und befand sich unter britischem Mandat.

Diese Männer (und auch andere wie sie) nahmen die prophetischen Schriftstellen bezüglich der Wiederherstellung Israels bei ihrer Erforschung wortwörtlich und nicht geistlich oder sinnbildlich. Sie sagten einen Tag voraus, an dem die Juden zurückkehren und die alten Stätten wieder aufbauen würden. Einige verstanden, dass die Endzeit sieben Zeichen aufweisen würde.

## Die sieben Zeichen der Endzeit

Nicht alle Zeichen, die sich auf die Rückkehr Christi beziehen, sind negativ (Kriege, Hungersnöte, Erdbeben usw.). Viele sind sehr ermutigend und aufregend. Es gibt sieben bereits erfolgte und sich noch entfaltende Ereignisse, die Teil der Wiederherstellung sind und die Rückkehr Christi verdeutlichen. Diese sind:

1. Israel würde als Nation an einem Tag wiederhergestellt werden (Jesaja 66:7-8; Sacharja 3:9, Hosea 3:4-5).

2. Das Land würde erblühen und fruchtbar werden (Jesaja 35:1-8; 27:6).

3. Wasser würde in der Wüste zur Bewässerung hervorbrechen (Jesaja 35:6-7; 41:18).

4. Jerusalem würde sich in jüdischer Hand befinden und seine Grenzen ausweiten (Psalm 102:16).

5. Juden aus den heidnischen Nationen außerhalb Palästinas würden nach Israel zurückkehren (Jesaja 43:5-6; Jeremia 16:14-16).

6. Der Frühregen und der Spätregen würden in den letzten Tagen wieder kommen (Hosea 6:3; Joel 2:23; Amos 4:7).

7. Die Mauern Jerusalems würden durch Fremde wieder erbaut werden und die Tore würden ständig geöffnet sein (Jesaja 60:1-11).

Israels Wiederherstellung begann während der 1800er Jahre mit der Geburt der Zionistischen Bewegung, zeigte sich aber der Welt erst am 14./15. Mai 1948, als David Ben-Gurion einen neuen Staat für die Juden ausrief, der *Israel* genannt wurde. Ein Teil der Proklamation lautete: „Der Staat Israel wird für jüdische Immigranten aus allen Ländern ihrer Zerstreuung offen sein."[9] Innerhalb von Stunden rückten arabische Armeen vor die junge Nation, um den Plan zu vereiteln. Wie im Altertum musste Israel sich mit sieben Nationen auseinandersetzen, die wie zu Zeiten Josuas um sie herum leben (5. Mose 7:1). 1948 mussten sich die Juden mit den Truppen von sieben, sie umgebenden arabischen Völkern befassen, die angekündigt hatten, die Juden würden „im Meer versenkt" werden.[10] Ein Unabhängigkeitskrieg wurde geführt, den Israel trotz erstaunlichem Druck überlebte. Heute rühmen sich die Israelis ihrer Armee als einer der fortschrittlichsten der Welt.

Eines der Ziele Ben Gurions war die Erfüllung der Prophetie von Jesaja, nämlich die Wüste mit Vegetation zum Blühen zu bringen. 1953 legte Ben Gurion mit sechsundsiebzig Jahren sein Amt als Premierminister nieder, um seinem Traum zu folgen. Dieser ehemalige israelische Staatenlenker und seine Frau Paula zogen in eine Fertigholzhütte mit drei Zimmern nach Sede Boker in die verödete Negev-Wüste. Es war ein trockener, leerer, ausgedörrter Landstrich. Jahre später wurde Beerscheba, die Heimatstadt Abrahams, eine große Stadt und heute sind mehr als vierundfünfzig Farmen in einer Region versammelt, die *Arabah* heißt – der Negev und der südliche Bereich von Israel – dort werden Tomaten, Paprika, Melonen und eine Vielzahl von Früchten und Gemüse produziert. Heute blüht die Wüste.[11]

Ben Gurion und andere frühe israelische Siedler zeichnen sich ebenfalls verantwortlich für die Verlegung von Pipelines für Bewässerungsanlagen. Jahre später entdeckten US-Satelliten ein riesiges Wasserreservoir unter der Wüste, aus dem heute das

Lebenselixier Wasser für Rieselbewässerungen hochgepumpt wird, was der Wüste ermöglicht, mit landwirtschaftlichen Leben zu erblühen. [12]

Im Jahre 1967 bedrohten militärische Kräfte Ägyptens, angeführt vom ägyptischen Präsidenten Gamal Abdel Nasser, Israel und planten einen Angriff. Israel kam dem mit einem Luftangriff zuvor und zerstörte Ägyptens Luftwaffe, als die Pläne noch im Entstehen begriffen waren. [13] Während des sogenannten Sechstagekrieges, an dem Ägypten, Jordanien und Syrien beteiligt waren, besetzten israelische Fallschirmjäger den östlichen (arabischen) Teil Jerusalems. Damals war dieser Teil des Landes als Transjordanien benannt. Am Ende des Krieges fügte Israel Ost- und Westjerusalem zusammen und bildete ein vereinigtes Jerusalem unter israelischer Kontrolle. Zu diesem Zeitpunkt war Jerusalem als eine Stadt ohne Mauern vereint und wurde die seit langem verheißene Hauptstadt Israels.

Obwohl von 1948 bis 1967 beständig Juden aus umliegenden Nationen nach Israel immigrierten, konnten die russischen Juden hinter dem Eisernen Vorhang keine Visa erhalten, um die kommunistische Festung zu verlassen. In den letzten Jahren der 1980er erhielten diese aber mit der Zustimmung von Michael Gorbatschow ihre Ausreisepapiere und konnten aus dem Land im Norden, aus der Sowjetunion, nach Israel zurückkehren. So wurde die Verheißung Gottes erfüllt, die ihnen Tausende Jahre zuvor durch Jeremia und Jesaja gegeben worden war. [14]

Jahre später, in den frühen 1990ern kam der natürliche Spätregen plötzlich zurück. Er durchtränkt den Boden Israels, wodurch Ackerland, die Wüsten und die oberen Golanhöhen versorgt und genährt werden. Als die Fenster des Himmels geöffnet wurden, flossen in den einst trockenen Flussbetten frische Wasser. Dies war ein Zeichen für die Rückkehr ins verheißene Land.

Heute teilen sich die drei monotheistischen Weltreligionen die Jerusalemer Altstadt: Islam, Judentum und Christentum. Von den acht Toren ist nur noch das Osttor in der Altstadtmauer mit großen Steinen versiegelt. Alle anderen Tore sind für Einwohner und Besucher geöffnet und man kann ganztags ein buntes Treiben und regen Verkehr auf allen Strassen beobachten.

## Die Bühne ist bereitet

Die jetzige siebenphasige Wiederherstellung ist ein Zeichen für die Endzeit und der Beweis für die baldige Rückkehr des Messias. Unsere Generation kann die Häufung dieser Ereignisse während einer speziellen Zeitperiode bezeugen, und ich glaube, wir werden viele andere prophetische Meilensteine bezeugen können, sobald die Bühne bereitet ist und sich der Vorhang für einen weiteren Akt des Endzeitdramas hebt.

Allerdings ist nicht jeder über Israels Rückkehr oder die Entwicklung dieser Nation begeistert. Eine große Mehrheit der geschätzten 1,4 Milliarden Moslems ist deshalb sehr beunruhigt oder unglücklich. Für sie ist Israel eine moderne Nation und der Welt durch die Amerikaner und Briten aufgezwungen; die Juden würden islamisches Land besetzen und behinderten rechtswidrig zwei bedeutende Moscheen in Jerusalem. Darum haben islamische Nationen oder radikale islamische Gruppierungen sechs Kriege mit Israel angefangen. Sie wollen die Juden schlagen und aus dem Land vertreiben, von dem die Moslems glauben, es gehöre ursprünglich dem Islam.

## Der Aufstieg des Prinzen von Persien

Und ich lenke dich herum und lege Haken in deine Kinnbacken; und ich führe dich heraus und dein ganzes Heer, Pferde und Reiter; sie alle prächtig gekleidet, ein großes Aufgebot mit Langschild und Kleinschild, schwertführend sie alle: Söldner aus Paras, Kusch und Put mit ihnen, sie alle mit Kleinschild und Helm, Gomer und alle seine Scharen, das Haus Togarma im äußersten Norden und alle seine Scharen, viele Völker mit dir.

Hesekiel 38:4-6

Geschichte scheint sich selbst zu wiederholen. Das altertümliche Israel hatte es mit sechs größeren Weltreichen zu tun und seit Israels Erneuerung als Nation sehen wir dieselben führenden Nationen den neuen jüdischen Staat in moderner Zeit bekämpfen.

In der Vergangenheit hatte Israel mit Ägypten, Assyrien, Babylon, Medien und Persien, Griechenland und Rom zu tun. Seitdem Israel 1948 wieder zu einer Nation geformt wurde, ist es in Konflikte mit den ersten drei prophetischen Nationen aus der Vergangenheit gekommen. Die nächste Nation auf der Kriegsliste werden die Perser oder Iraner sein. Das folgende Diagramm zeigt wie diese gegenwärtigen Spannungen parallel zu den Konflikten der Vergangenheit Israels stehen:

| Die Nation | Die mit Israel ausgetragenen Kriege |
|---|---|
| Ägypten | Ägypten bekämpfte Israel 1948, 1956 und 1967 |
| Assyrien | Syrien bekämpfte Israel 1948, 1967 und 1973 |
| Babylon | Babylon (Irak) 1991 |
| Medien-Persien | Der kommende Konflikt |
| Griechenland | |
| Römisches Reich | |

Israels fortschrittliche Militärtechnologie, zusammen mit fünf Siegen in fünf bedeutenden Konflikten seit 1948 (1948, 1956, 1967, 1973 und 1991) hat eine Koalition von umgebenden islamischen Nationen bislang davon abgehalten, den jüdischen Staat zu vernichten. Israels geheimes Arsenal von modernen Bomben und Laserwaffen hat fanatische Regime davon abgeschreckt, gegen Israel eine massive Invasion zu starten. Allerdings wird sich dieses in den kommenden Zeiten ändern. Islamisten haben verschiedene Programme, einschließlich einer langanhaltenden militärischen Strategie entwickelt, die ich den *apokalyptischen Islam* nenne.

Dieses islamische Verständnis der Endzeit – diese islamische Theologie – wird den Kindern von Geburt an eingeflößt. Das letztendliche Ziel des Islams ist es, eines Tages ein weltweites Imperium zu schaffen, die Welt zu ihrer Religion zu konvertieren und schließlich sowohl Juden wie auch Christen zu schlagen. Das ist nicht nur eine überlieferte Tradition unter wenigen Fanatikern. Beständig werden die Idee der islamischen, weltweiten Herrschaft und der Sieg über die Juden in islamischen Schulen überall auf der Welt gelehrt.

Gemäß Daniel und Johannes, zwei Propheten der Apokalypse, deren biblische Vorhersagen Generationen von Christen fasziniert, begeistert und manchmal auch verwirrt haben, wird es ein letztes Weltreich geben, welches alle Käufe und Verkäufe kontrollieren und alle enthaupten wird, welche sich widersetzen (Offenbarung 13:17; 20:4). Ich glaube, dass dieses letzte prophetische Weltreich eine islamische Koalition von Nationen sein wird, dessen Einfluss den Mittleren Osten und fast das gesamte Europa überschatten wird und dessen Herz am stärksten in den Regionen von Syrien, Irak und Iran schlagen wird. Sein Herrschaftszentrum wird im Irak liegen und schließlich nach Jerusalem verlegt werden. Der Mensch, der diese letzte Machtprobe unter den Nationen leiten wird, wird der Antichrist der biblischen Prophetie sein.

Der Countdown zur Machtprobe hat begonnen. Der letzte Akt des apokalyptischen Spiels ist bereit. Wir wollen hinter den Vorhang treten, hinter die Bühne und eine Vorschau auf die Schrift erhalten, die für die Endzeit geschrieben wurde. Der Schlussakt hat den Titel: „Sieben liegen hinter uns und nur noch einer steht bevor!"

# 2

# Sieben liegen hinter uns
# und nur noch eines steht bevor

Und es sind sieben Könige: Die fünf ersten sind gefallen, der eine ist, der andere ist noch nicht gekommen; und wenn er kommt, muss er eine kurze Zeit bleiben. Und das Tier, das war und nicht ist, es ist selbst sowohl ein achter als auch von den sieben und geht ins Verderben.
Offenbarung 17:9-11

Aus biblisch-prophetischer Sichtweise sind sechs Hauptreiche auf der Weltbühne erschienen und wieder im Nebel der Geschichte verschwunden, während das siebte Weltreich noch entstehen wird. Für kurze Zeit wird es aufleben und ein achtes und letztes Königreich wird folgen, welches auch als das *Königreich des Tieres* bezeichnet wird. Dieses Königreich wird eine Koalition aus zehn Nationen bilden, die gegnerische Nationen verwüsten und all seine Feinde enthaupten (Offenbarung 20:4).

Sowohl vergangene als auch zukünftige biblische Prophetien sind immer mit Israel und dem jüdischen Volk verknüpft. Wie Johannes im Buch der Offenbarung zeigt, waren von den sieben prophetischen Königen bereits fünf gefallen und existierten während der Zeit von Johannes nicht mehr. Diese Königreiche begannen mit dem Ägyptischen Weltreich, dem ersten wichtigen Weltreich der Bibel, welches das hebräische Volk für mehr als vierhundert Jahre unterdrückte (1. Mose 15:13). Die fünf Königreiche umfassen:

1. *Das Ägyptische Weltreich* – seine Geschichte ist aufgezeichnet im 2. Buch Mose

2. *Das Assyrische Weltreich* – seine Geschichte ist aufgezeichnet im 1. und 2. Buch der Könige und im 1. und 2. Buch der Chroniken

3. *Das Babylonische Weltreich* – seine Geschichte ist aufgezeichnet in den Büchern von Daniel, Esra und Nehemia

4. *Das Medo-Persische Weltreich* – seine Geschichte ist aufgezeichnet im Buch von Daniel

5. *Das Griechische Weltreich* – seine Geschichte ist aufgezeichnet im Buch von Daniel

Als Johannes etwa 95 nach Christus das Buch der Offenbarung schrieb, waren diese fünf dominierenden Weltreiche bereits Geschichte und übten keine weltweite Kontrolle mehr aus. Allerdings identifizierte Johannes ein Weltreich zu seinen Lebzeiten, und nannte es „eines ist." Das einzige Weltreich während der Zeit von Johannes war das Römische Reich, dessen Armeen Israel zu der Zeit Christi besetzt hielten. Im Jahre 70 nach Christus hatte die 10. Römische Legion Rammböcke in Position gebracht, um die Mauern von Jerusalem niederzureißen, den Tempel niederzubrennen und die Juden in Ketten zu Schiff nach Rom zu bringen. Um 95 nach Christus überflutete eine große Verfolgung die christliche Kirche, und die Christen in Rom versteckten sich in kilometerlangen Höhlen, genannt die *Katakomben*. Zur Zeit der apokalyptischen Vision von Johannes in der Offenbarung hatte Rom die vollständige Kontrolle über alle politischen, militärischen und wirtschaftlichen Angelegenheiten jener Nationen, die das Mittelmeer umgaben.

In Offenbarung 17:10 beschreibt Johannes das siebte Königreich so: *„... und das andere ist noch nicht gekommen. Und wenn es kommt, muss es für eine kurze Zeit bleiben."* Über die Identität dieses Königreiches sind sich die biblischen Wissenschaftler nicht einig. Jedes Weltreich der Vergangenheit wurde durch ein stärkeres Königreich ersetzt und diese Folge wurde niemals unterbrochen. Falls das Römische Reich das sechste prophetische Weltreich sein sollte, welches irgendwann verschwand und die Abfolge würde sich bis zur Endzeit so fortsetzen, welches war dann das *siebte* Königreich, das für „einen kurzen Zeitraum" bestehen soll? Die Frage ist also, wer oder was *folgte* dem Römischen Weltreich? Dies ist schwierig zu beantworten, denn das Römische Weltreich wurde niemals durch ein einziges Weltreich politisch oder militärisch besiegt. Rom verfiel einfach moralisch, politisch und geistlich und verlor allmählich seine Macht. Das Römische Reich wurde schließlich von zahlreichen germanischen Stämmen überrannt.

Einige Historiker stellen heraus, dass germanische Stämme aus dem Osten beim Verfall des kaiserlichen Roms das meiste Land besetzten, was einst durch Rom beherrscht wurde. Sie bezeichnen diese Periode als die dunkle Zeit der barbarischen Epoche, die dem früheren Kaiserreich Rom folgte. Man geht von zehn Stämmen aus, die schließlich jenes ehemals durch Rom regierte Land übernahmen. Diese zehn Stammesgruppen werden von den meisten Forschern wie folgt bezeichnet:

- Die Hunnen
- Die Westgoten
- Die Vandalen
- Die Ostgoten
- Die Franken
- Die Angelsachsen

- Die Sueben
- Die Burgunder
- Die Heruler
- Die Lombarden [1]

Gruppierungen wie die Siebenten-Tags-Adventisten glauben, die Prophetie der zehn Hörner von Daniel (Daniel 7:24), und Johannes' zehnfach gehörnten Tieres (Offenbarung 17:12) zusammen mit den zehn Zehen des metallenen Standbildes (Daniel 2:42) hätte sich mit diesen zehn Stämmen erfüllt, die sich in den Ländern angesiedelt hatten, die einst Rom regierte. Aber dies kann nicht die letztendliche, schriftgemäße Erfüllung sein. – Die Bibel lehrt:

**Und in den Tagen dieser Könige wird der Gott des Himmels ein Königreich aufrichten, das ewig nicht zerstört werden wird. Und das Königreich wird keinem anderen Volk überlassen werden; es wird all jene Königreiche zermalmen und vernichten, selbst aber wird es ewig bestehen.** Daniel 2:44

In den Tagen der zehn Könige werden Throne zerbrechen und das Gericht wird ergehen (siehe Daniel 7:7-10).

Diese oben aufgeführten zehn Stämme übernahmen tatsächlich das Land des Römischen Kaiserreiches. Aber die zukünftigen zehn prophetischen Könige werden ihre Macht und Autorität innerhalb *einer Stunde* bekommen, wenn das Tier (der Antichrist) sein achtes Königreich errichten wird (Offenbarung 17:12). Ich habe mir die vielen Ansichten durchgelesen, die davon ausgehen, die zehn prophetischen Könige seien diese zehn Stämme, welche schon gekommen und wieder verschwunden sind. Dies entspricht aber nicht der Erfüllung der vielen Endzeitvorhersagen im Buch Daniel und in der Offenbarung.

Christus wird in den Tagen der zehn Könige zurückkehren. Aber Er kam noch nicht wieder, nachdem die zehn Stämme niedergegangen waren, welche die römischen Regionen der Frühgeschichte besetzt hatten (siehe Offenbarung 17:12-14).

## Der Untergang Roms

Nach drei Jahrhunderten der Verfolgung wurde Konstantin im Jahr 312 n. Chr. Herrscher über Rom und legalisierte das Christentum, indem er es als eine der offiziellen Religionen des Römischen Weltreiches anerkannte. Das Kaiserreich Roms wurde danach zwischen Rom im Westen und Konstantinopel im Osten aufgeteilt, einer von Konstantin erbauten Stadt in der Türkei, die wir heute als Istanbul kennen. Nach dem Fall des Römischen Kaiserreiches erstand ein neues geistliches Rom, das kirchliche und staatliche Macht in sich vereinte – den Papst und die westliche römische Kirche. Im Osten erhob sich ein neues politisch/geistliches Weltreich, welches das Byzantinische Reich genannt wurde.

Bei der Beantwortung der Frage, wer oder was den Platz des Römischen Weltreiches eingenommen hat, gibt es verschiedene Ansichten.

Manche behaupten, das siebte Königreich war das Heilige Römische Reich. Es bestand während des Mittelalters bis in die frühe moderne Geschichte aus einer Verbindung von deutschen Hoheitsgebieten in Mitteleuropa. Otto der Große, als Kaiser 962 gekrönt, wird als erster Kaiser des Heiligen Römischen Reiches betrachtet. Während des Krieges mit Napoleon im Jahre 1806 löste der letzte Kaiser des Heiligen Römischen Reiches, Franz II., das Weltreich auf.

Ab dem späten 15. Jahrhundert wurde das Kaiserreich als Heiliges Römisches Reich Deutscher Nation bezeichnet. Obwohl das Kaiserreich im 19. Jahrhundert verschwand, war die Macht Deutschlands auch während des Ersten und Zweiten Weltkrieges deutlich. Erst nach dem Niedergang Hitlers im Jahre 1945 war Deutschlands Macht gebrochen und wurde durch eine Bewegung ersetzt, die Europa in einem neuen Bündnis vereinte, der späteren Europäischen Union.

Das bringt uns zur zweiten Theorie, welche die heutige Europäische Union (EU) als das siebte Königreich der Prophetie bezeichnet, und dessen Dauer nur von „kurzer Zeit" sein wird. Viele der EU Mitgliedsstaaten gehörten bekannter Weise zum früheren Römischen Weltreich. Da das siebte Weltreich ohne Unterbrechung auf das Vorangegangene folgen muss, müsste das siebte, oder die EU, mit dem sechsten (Kaiserreich Rom) verbunden sein. Da das Heilige Römische Reich nun aber mehr als 840 Jahre lang existierte, kann es nicht jenes Weltreich sein, das wie von Johannes bezeichnet für eine „kurze Zeit" regiert. Die EU, ursprünglich Europäische Wirtschafts-Gemeinschaft (EWG) genannt, wurde auf der Grundlage der europäischen Steinkohle- und Stahlproduktion (Montan Union) aufgebaut und dafür eingerichtet, dem vereinten Europa weitere Kriege zu ersparen und Frieden zu schaffen. Die Union bestand zunächst aus sechs und wuchs bis heute auf achtundzwanzig Nationen an.

Da Johannes sagte, das siebte Weltreich würde nur eine „kurze Zeit" bestehen, schlagen manche vor, die Europäische Währung, der Euro, und die Führer der europäischen Staaten würden die wirtschaftlichen Strategien Europas für eine kurze Zeit beherrschen und kontrollieren, dann aber vom achten und letzten Königreich des Antichristen verschluckt werden.

Es gibt noch eine dritte Theorie. Einige im Abendland wissen nicht darum, dass der Islam früher ein großes Reich im Mittleren Osten hervorgebracht hatte, gegründet im Jahr 1299. Die Osmanen überwanden die Byzantiner im Jahr 1453 in einer Schlacht in Konstantinopel, rissen die größte christliche Kirche des Weltreiches an sich und verwandelten sie in eine Moschee. Die Türken breiteten ihren Einfluss und ihre Macht in Nordafrika, im Mittleren Osten, in der Türkei und in Südrussland aus. Zu einer Zeit war das Osmanisch-Türkische Weltreich in etwa so groß wie das frühere Römische Weltreich. Von 1299 bis 1923 musste die Welt – besonders der Mittlere Osten, Nordafrika und Südosteuropa mit den Türken rechnen.

Kurze Zeit nach dem ersten Weltkrieg fielen die Türken in Armenien ein, töteten mindestens 1,5 Millionen Armenier, von denen viele Christen waren. 1917 begann sich der Griff des Osmanisch-Türkischen Reiches zu lockern, als der britische Feldherr General Allenby 1917 nachweislich Palästina eroberte.[2] Schließlich dominierten die Amerikaner, Franzosen und Briten die Machtpositionen in Politik und Wirtschaft sowohl in Nordafrika als auch im Nahen Osten.

Die Entdeckung des Erdöls in Persien 1908 war der Beginn des westlichen Einflusses. Der Westen brauchte Öl und die arabischen Nationen im Nahen Osten das Geld, um mehr als nur ein in der Wüste lebender Nomadenstamm zu sein. Der Wohlstand lag im flüssigen schwarzen Gold der Wüste und westliche Ölgesellschaften bohrten in den Sanddünen und verwandelten Öl in einen Geldfluss. Die Golfstaaten wurden Freunde des Westens, da ihnen von dort die benötigte Technologie gebracht wurde, die unsagbaren Wohlstand brachte.

Der Ölreichtum verband die islamischen Golfstaaten im Osten mit westlichen Nationen und die Beziehungen waren auf Wohlstand und Wachstum ausgerichtet. Der Westen wurde von den islamischen Königen und Prinzen der Golfstaaten im Mittleren Osten geschätzt und bewundert. Allerdings verfinsterte sich der klare Himmel 1948 durch bedenklich schwarze Wolken, als Großbritannien und Amerika daran beteiligt waren, die Nation Israel neu zu gründen und den Juden ein geteiltes Palästina zurückzugeben. Seit dem Niedergang des Osmanischen Reiches haben islamische Augen Ausschau gehalten und den globalen Horizont nach dem „Reiter auf dem weißen Pferd" abgesucht, der die Muslime unter einem neuen islamischen Kalifat vereinen soll.

Da das Osmanisch Weltreich 624 Jahre lang von 1299 bis 1923 bestand, kann es kaum das siebte prophetische und nur „kurze Zeit" bestehende Weltreich sein. Wie wir wissen, wurde das Reich Roms geteilt, Rom führte den Westteil an und Konstantinopel den Ostteil. Die zehn Könige jedoch sind Führer in der *Zukunft* und keine in der *Vergangenheit*.

Es gilt zu beachten: Obwohl das Römische Kaiserreich zusammenbrach, vereinte die Römische Kirche die Kirche mit dem Staat und behielt die geistliche und politische Herrschaft in vielen Teilen Europas. Später wurde das Heilige Römische Reich geformt. Das Byzantinische Reich regierte vom Osten aus und setzte seine Herrschaft für über 1.000 Jahre fort. So bestand in der Geschichte in der einen oder anderen Weise eine römische Regierungsart und ein römisches System seit der Zeit Christi.

Ich halte folgende Annahme für die Zutreffendste: Das siebte Weltreich in den letzten Tagen vor dem Aufkommen des Antichristen steht in Verbindung mit der Europäischen

Union, da die meisten der heutigen EU-Nationen Teile des kaiserlichen Römischen Weltreiches waren. Zum ersten Mal, seit Konstantin das Römische Weltreich teilte, ist Europa unter einem Banner vereint, mit einer Währung und mit offenen Grenzen. Die EU ist stark vom Westen beeinflusst und wird schließlich von östlichen Kräften überrannt werden.

### Das achte Königreich erhebt sich

Auf das nur „kurzanhaltende" siebte Königreich folgt ein achtes und letztes prophetisches Königreich, das sich während der letzten Zeit der sogenannten Großen Trübsal (Matthäus 24:21) erheben wird. Dieses achte und letzte Königreich besteht aus einer Koalition von zehn Königen, die ihre Autorität einem Menschen übergeben werden, der von Gelehrten als Antichrist bezeichnet wird. Dieses achte Reich wird, wie Daniel vorhergesagt hat, die Weltgeschäfte während einem Zeitraum von zweiundvierzig Monaten beherrschen:

> ... und sie werden in seine Hand gegeben werden für eine Zeit (ein Jahr) und zwei Zeiten (zwei Jahre) und eine halbe Zeit (sechs Monate). Daniel 7:25 (siehe auch Daniel 12:7)

Diese letzten zweiundvierzig Monate werden sich am Ende eines siebenjährigen Zeitrahmes ereignen, bezeichnet als die Große Trübsal (Matthäus 24:21). Dies wird für Israel eine Zeit großer Schwierigkeiten sein, wie sie die Nation niemals zuvor erfahren hat (Daniel 12:1).

Untersucht man sorgsam alle Details, die in der Bibel und in den Kommentaren der ersten Väter bezüglich des Aufkommens des Antichristen und seines „Königreichs des Tieres" verzeichnet sind und vergleicht man sie mit bestimmten islamisch apokalyptischen Aussichten auf den letzten Erwarteten, wird folgendes offensichtlich: Die biblische Beschreibung dieses letzten Diktators ist dem erwarteten islamischen Menschen äußerst ähnlich, von dem die Moslems glauben, dass er am Ende der Tage aufstehen wird. Von den Moslems als *Mahdi* bezeichnet, und entsprechend den islamischen Überlieferungen und dem traditionellen Glauben der Moslems über diesen zukünftigen Leiter, wird jener Mensch den Islam zu einem Weltreich vereinen, was wiederum den Prophetien über den Antichristen aus der Bibel entspricht.

Im nächsten Kapitel werden wir uns die biblischen Prophetien über den Antichristen näher anschauen – den Menschen, der das Tier aus der Prophezeiung sein wird.

# 3

# Der Mensch, der das Tier sein wird

Und ich sah aus dem Meer ein Tier aufsteigen, das zehn Hörner und sieben Köpfe hatte, und auf seinen Hörnern zehn Diademe, und auf seinen Köpfen Namen der Lästerung. Und das Tier, das ich sah, war gleich einem Panther und seine Füße wie die eines Bären und sein Maul wie eines Löwen Maul. Und der Drache gab ihm Kraft und seinen Thron und große Macht.                Offenbarung 13:1+2

In den biblischen Schriften der alttestamentlichen Propheten wird Mose 768-mal erwähnt, während Abram oder Abrahams Name 303-mal genannt wird. Die einzige Person, die mehr Vorhersagen über ihr Erscheinen und ihren Dienst in der ganzen Schrift betreffen, ist der verheißene Messias. Es gibt hunderte Prophetien, die sich auf den Messias beziehen, viele von diesen wurden schon durch Christus erfüllt, und so manche werden in der Zukunft eintreffen. Eine weitere Person, die eine ähnliche Aufmerksamkeit in den biblisch prophetischen Schriften erfährt, ist der als letzter *Fürst der Dunkelheit* identifizierte Antichrist.

Nur wenige der heute lebenden Christen haben den Begriff *„der Antichrist"* noch nicht gehört. Der durchschnittliche Christ in der westlichen Hemisphäre, der prophetische Bücher gelesen, Endzeit DVDs geschaut, oder apokalyptisch orientierte Fernsehsendungen gesehen hat, kennt vier grundlegende Fakten aus der Schrift über den kommenden Antichristen:

1. Der Antichrist ist ein Mensch, der am Ende der Zeit ein letztes Weltreich aufrichten wird.

2. Der Antichrist wird mit Israel einen siebenjährigen Vertrag abschließen.

3. Der Antichrist wird letztlich sein Königreich in Jerusalem aufrichten.

4. Der Antichrist wird an der letzten Schlacht, genannt Armageddon, beteiligt sein.

Zwei biblische Propheten, Daniel und der Apostel Johannes, nennen in ihren Schriften und prophetischen Visionen zahlreiche Details über diesen Menschen: Sein Aufstieg zur Macht, sein Einflussbereich und seine brutale Reaktion auf alle, die seine Mission ablehnen. Die Gemeinde bezieht den größten Teil ihres geschichtlichen Verständnisses über diese Person aus den zwei prophetischen Büchern: Daniel und Offenbarung.

**Vergleich zwischen dem Buch Daniel und dem Buch der Offenbarung**

Der Prophet Daniel lebte mehr als 600 Jahre vor dem Apostel Johannes. Beim Vergleich ihrer Visionen erstaunt jedoch, wie das Buch von Daniel das Buch der Offenbarung ergänzt. Die Offenbarung setzt die im Buch Daniel gefunden apokalyptischen Visionen fort und enthält tiefer gehende Erklärungen. Die folgende Aufstellung zeigt, was beide Visionäre sahen:

1. Beide sahen eine letzte Zeitspanne von sieben Jahren. Daniel bezeichnete in Daniel 9:27 den Zeitrahmen als eine prophetische Woche (sieben Jahre).

Johannes trennte die sieben Jahre in zwei Perioden von je 42 Monaten (Offenbarung 11:2; 13:5).

2. Beide sahen 42 letzte Monate der Weltgeschichte. Daniel gab in Daniel 12:7 den Zeitrahmen an, als Zeit (ein Jahr), als Zeiten (zwei Jahre) und als geteilte Zeit (ein halbes Jahr). Johannes beschrieb den Endzeitrahmen in Offenbarung 12:6 mit 1260 Tagen (dreieinhalb Jahre).

3. Beide identifizierten den Antichrist als ein „Tier". Daniel sah den Antichristen als das vierte aufsteigende Tier (Daniel 7:7). Johannes erblickte den Antichrist als das Tier, was aus dem Meer aufsteigt (Offenbarung 13:1).

4. Beide offenbaren eine Zeit großer Leiden auf Erden. Daniel sagte, es sei eine Zeit, wie sie noch nie da gewesen sei und nie mehr sein würde (Daniel 12:1). Johannes beschrieb eine Zeit der Bedrängnis und des Leidens (Offenbarung 12:7-12).

5. Beide Propheten sahen den Erzengel Michael. Daniel sah Michael in der Zeit der Trübsal aufstehen (Daniel 12:1). Johannes sah Michael mit Satan im Himmel kämpfen (Offenbarung 12:7).

6. Beide Propheten nahmen den Aufstieg von zehn Königen am Ende der Zeit wahr. Daniel sagte, die zehn Hörner seien zehn Könige (Daniel 7:24). Johannes erblickte zehn Hörner mit zehn Kronen, welche zehn Könige waren (Offenbarung 13:1).

7. Beide sahen die Auferstehung der Toten. Daniel berichtet von einer Auferstehung nach der Bedrängnis (Daniel 12:2). Johannes sah eine Auferstehung jener, die während der Trübsal geköpft worden waren (Offenbarung 7:9-17).

8. Beide Propheten sahen die Rückkehr des Herrn, um Sein Königreich aufzurichten. Daniel nahm ein immerwährendes Königreich des Messias wahr (Daniel 7:13-14). Johannes sah Christus zurückkehren, um Krieg zu führen (Offenbarung 19:11).

Bei meinem mehr als 34-jährigen Studium entdeckte ich vieles über dieses Thema, das in den prophetischen Schriften sehr klar benannt wird. Auch bin ich zu dem Schluss gekommen, dass einige Gemeindelehren der Vergangenheit eher auf menschlicher Tradition oder von Generation zu Generation weitergegeben *eigenen Interpretationen* gründen, die allesamt mehr auf Vermutungen aufbauen, als auf biblischen oder historischen Grundlagen.

Hast du beispielsweise an einer prophetischen Konferenz teilgenommen, ein prophetisches Buch gelesen, oder bist auf eine Untersuchung gestoßen, wo folgendes gelehrt wurde:

- Der Antichrist wird ein Jude aus dem Stamme Dan sein.

- Der Antichrist wird wieder einen jüdischen Tempel auf dem Tempelberg in Jerusalem aufbauen.

- Der Antichrist wird ein Mann des *Friedens* sein und den Weltmarkt überwachen.

Diese drei Theorien basieren auf persönlichen Auffassungen oder sind von einigen frühen Kirchenvätern über Generationen weitergegebene traditionelle theologische Ideen. Sie enthalten spezielle Interpretationen und sind nicht notwendigerweise auf spezifische biblische Schriftstellen gegründet. Wie ich aufzeigen werde, gibt es tatsächlich viel mehr Informationen bezüglich des Antichristen, die noch nicht gelehrt und verstanden wurden, als das, was bereits gelehrt oder geschrieben wurde.

Nach 34 Jahren und mehr als 40.000 Stunden des Bibelstudiums und des Forschens bin ich von dem Folgenden, als einer genauen Beschreibung der kommenden Ereignisse bezüglich des Antichristen überzeugt:

- Der Antichrist wird ein Heide mit einem islamischen Hintergrund und kein Jude aus Israel sein.

- Der Antichrist wird den jüdischen Tempel nicht wieder aufbauen – der Prophet Elia wird diesen Prozess in Gang setzen.

- Der Antichrist wird die ölreichen Golfstaaten und den größten Teil Europas kontrollieren.

- Der Antichrist wird nur seinen Anhängern Frieden bringen und denjenigen Tod, die ihm widerstehen.

Ich weiß, diese vier Aussagen mögen einigen traditionellen Interpretationen der prophetischen Lehre gegen den Strich gehen. Wenn wir uns aber von *Vermutungen* hin zu direkten biblischen Auslegungen und Einsichten bewegen, wird sich der Nebel lichten.

## Der Antichrist – ein Ungläubiger und kein Jude

Zuerst möchte ich meine Auffassung darüber erklären, dass der Antichrist ein Führer der Ungläubigen und kein Jude sein wird. Während des zweiten und dritten Jahrhunderts wurden viele der frühen Kirchenväter in ihren theologischen Interpretationen ziemlich antisemitisch. So manche frühen Väter wie Irenäus (Heresies, vol. 302) und Hippolyt (De Christo et Antichristo, pp. 14-15) lehrten, der Antichrist werde ein Jude aus dem Stamm Dan sein. Diese Lehre gründete sich auf ihrer Auslegung des Buches von Jeremia 8:15-16 und drei weiteren Bibelpassagen.

Zwei dieser Schriftstellen erwähnen den jüdischen Stamm Dan und Pferde:

**Dan ist eine Schlange am Weg, eine Hornotter am Pfad, die in die Fersen des Pferdes beißt, und rücklings fällt sein Reiter.** 1. Mose 49:17

**Von Dan her hört man das Schnauben seiner Pferde; vom lauten Wiehern seiner starken Pferde erzittert das ganze Land. Und sie kommen und fressen das Land, die Städte und ihre Bewohner.**

Jeremia 8:16

Diese *Annahme* verknüpft den Stamm Dan mit den vier Reitern der Apokalypse, die in Offenbarung 6:1-8 erwähnt werden, deren Erscheinen den Beginn der Trübsal und das Aufkommen des Antichristen einleitet.

Eine dritte Erwähnung findet sich in der Aufzählung der Stämme Israels in Offenbarung 7. Gelehrte bemerken das Fehlen des Stammes Dan auf dieser Liste. Die Stämme Israels werden während der Trübsal mit einem schützenden Siegel

Gottes versehen werden. Weil Dan in dieser Aufzählung fehlt, wird gefolgert, der Antichrist käme aus Israel und aus diesem Stamm.

Warum fehlt Dan? Im heutigen modernen Israel leben viele Juden in fortschrittlichen Städten, von denen diverse auf Teilbereichen des ehemaligen Territoriums Dans erbaut sind. Die Stadtbewohner sind entweder Agnostiker, Atheisten oder sehr unreligiöse weltliche Juden. In den anderen Gebieten Israels gibt es etliche religiöse Juden, nämlich reformierte, orthodoxe und in Jerusalem ultraorthodoxe Juden. Dans Fehlen kann daher kommen, weil die in dem Gebiet Dans lebenden jüdischen Menschen ganz einfach Ungläubige sind und deshalb nicht wie andere versiegelt wurden, welche „die Gebote (gehalten haben)...." (Offenbarung 12:17). Tatsächlich ist Dans Fehlen ein biblisches Geheimnis und hierzu eine Lösung anzubieten ist daher völlig spekulativ.

Viele Jahre hörte ich von prophetischen Lehrern, der Antichrist würde ein politisch-militärischer Führer aus Israel sein. Diese Theorie verblüffte mich, denn die weltweit lebenden 1,4 Milliarden Moslems würden sicher niemals einem Juden folgen, der in Israel lebend umliegende Nationen des Mittleren Ostens regiert und kontrolliert, die dazu noch alle islamisch sind. Nach zahlreichen Reisen in das Land Israel, begann ich bekannte prophetische Lehrer zu fragen: „Warum kann keiner die Rolle der Muslime in der Endzeitprophetie erklären?" Lehrer erklären die Bedeutung Israels und der Juden immer im Zusammenhang mit einem heidnisch regierten Weltmarkt. Schriftsteller und Forscher der Eschatologie scheinen aber beständig die Bedeutung der islamischen Religion und der im Mittleren Osten und Europa lebenden Muslime zu ignorieren.

Eine Erklärung war, der Islam würde im Krieg von Gog und Magog vernichtet. Das kann nicht stimmen, da es heute zweiundfünfzig Nationen gibt, deren Bevölkerung überwiegend islamisch ist. Im Krieg von Gog und Magog werden nur fünf starke Nationen aufgelistet, die an dieser Schlacht teilnehmen. Wenn Gott sagt, Er werde alle bis auf ein Sechstel der Armeen Gogs schlagen, bedeutet dies nicht, dass ein Sechstel der islamischen Nationen übrig bleiben würde, sondern dass fünf Sechstel der einfallenden Armeen zerstört werden (Hesekiel 39:2).

Nach eingehender Suche und intensivem Studium glaube ich, die Prophetien deuten darauf hin, dass der Antichrist ein Ungläubiger sein wird und kein Jude. Ich gründe dies auf verschiedene wichtige Prophetien, apokalyptische Träume und Visionen.

Erstens – im Buch Daniel, Kapitel 2, hatte König Nebukadnezar einen Traum über ein metallenes Standbild, welches prophetisch alle Weltreiche seit der Zeit Babylons benennt. Das Babylonische Weltreich wurde durch den goldenen Kopf des Standbildes symbolisiert. Das Standbild ging bis zum letzten Weltreich hinunter, gekennzeichnet durch die zehn Zehen. All die durch das Standbild gezeigten Weltreiche waren heidnisch – nicht eines jüdisch. Tatsächlich hatte jedes durch das Standbild symbolisierte Weltreich irgendeinen Einfluss oder eine Auswirkung auf das jüdische Volk und Israel. Dieses Standbild und die dargestellten Weltreiche werden im nächsten Kapitel detailliert besprochen.

Die Auffassung, das letzte Weltreich sei heidnisch und nicht jüdisch, wird auch von Christus in Lukas 21:24 angesprochen:

**Und sie werden fallen durch die Schärfe des Schwertes und gefangen weggeführt werden unter alle Nationen; und Jerusalem wird zertreten werden von den Nationen, bis die Zeiten der Nationen erfüllt sein werden.**

Im Zusammenhang mit dieser Prophetie im Evangelium von Lukas, spricht Jesus von den „Tagen der Rache" (Vers 22), ein Begriff, welcher von den Propheten des Alten Testaments benutzt wird, um auf die kommende Zeit des Zornes Gottes oder der Trübsal (Jesaja 34:8; 35:4; 61:2; 63:4) hinzuweisen. Christus erwähnt auch andere Zeichen, wie kosmische Erscheinungen, das Verzagen der Menschen und Seine Rückkehr (Lukas 21:22-27). Es ist wichtig zu verstehen, dass diese Prophetie (Jerusalem fällt in die Hände der Ungläubigen) nicht im Jahre 70 nach Christus erfüllt wurde, als die Römer die Stadt zerstörten. Dies wird in der Zukunft noch einmal geschehen, wenn der heidnische Antichrist Jerusalem einnehmen, die Stadt teilen (Sacharja 14:2) und sein eigenes Standbild auf dem Tempelberg in Jerusalem errichten wird (Offenbarung 13:14-15).

Offenbarung 11:1-2 bezieht sich ebenfalls auf eine heidnische Kontrolle über Jerusalem. Johannes schreibt hierzu:

**Und es wurde mir ein Rohr, gleich einem Stab, gegeben und gesagt: Steh auf und miss den Tempel Gottes und den Altar und die, welche darin anbeten! Und den Hof, der außerhalb des Tempels ist, lass aus und miss ihn nicht! Denn er ist den Nationen gegeben worden, und sie werden die Heilige Stadt zertreten 42 Monate.**

Die meisten Gelehrten glauben, das Buch der Offenbarung sei um 95 nach Christus, während der Zeit des Imperators Domitian, geschrieben worden. Der Tempel in Jerusalem war schon im Jahre 70 nach Christus zerstört worden. Zwanzig Jahre später wurde Johannes befohlen „den Tempel auszumessen." Wie konnte Johannes den Tempel ausmessen sowie den Vorhof, von dem uns gesagt wurde, die Heiden würden ihn „42 Monate lang unter ihren Füßen zertreten", wenn doch der Tempel bereits in Trümmern lag? Die herkömmlichste Antwort ist, es wird während der Trübsal einen wieder erbauten Tempel in Jerusalem geben. (Weitere Informationen zu diesem Thema gibt es in einem späteren Kapitel.) In diesem Tempel wird der heidnische Antichrist sein abscheuliches Standbild aufrichten und von Massen seiner Nachfolger angebetet werden, was die Juden dazu zwingen wird aus Jerusalem in die Wüste zu fliehen (Offenbarung 12:6).

### Der Antichrist – ein radikaler Moslem?

Der Mittlere Osten ist das Herz des Islams und Israel ist den islamischen Führern ein Dorn im Auge, die einen islamischen Halbmond bilden möchten. Welche Rolle wird der Islam in den zukünftigen apokalyptischen Ereignissen spielen?

Zu Beginn des Jahres 1992 traf ich eine junge Frau aus dem Iran. Sie schilderte mir detailliert den apokalyptischen Glauben der schiitischen Muslime, welche die Mehrheit der iranischen Bevölkerung bilden. Nur wenige Amerikaner, mich eingeschlossen, hatten jemals von diesem Glauben gehört. Als ich ihre Informationen mit den biblischen Prophetien verglich, kam ich zu der Überzeugung, dass der Antichrist die islamische Religion als die seinige beanspruchen wird; er wird sich selbst als der „letzte erwartete islamische Messias" verkünden und auch als solcher angenommen werden. Er wird ein Meister des Krieges sein und Massenvernichtungswaffen benutzen, um ganze Nationen als Geiseln zu nehmen (Offenbarung 13:4). Wer nicht zu seiner Religion konvertiert wird geköpft werden und andere überlässt man dem Hungertod (Offenbarung 13:17; 20:4). Bevor du denkst, dies sei bloße prophetische Fiktion, begib dich mit mir auf eine Reise in die Bibel, und erhalte so ein klareres Bild über den prophetischen Antichristen.

## Das Wort „Antichrist" in der Schrift

Das Wort *Antichrist* wurde durch den Apostel Johannes geprägt und ist nur in den Briefen von Johannes zu finden. Es kann „gegen Christus" oder „anstatt Christus" bedeuten. W. E. Vines Kommentare über dieses Wort besagen, dass die Kombination der zwei Worte *anti* und *Christus* die Bedeutung „eine Person, welche die Gestalt Christi annimmt, oder sich Christus widersetzt" haben kann. [1] Um 90 nach Christus verfasste Johannes die Briefe, die nun seinen Namen tragen – 1., 2., und 3. Johannes. Es gibt darin vier Schriftstellen, in denen Johannes das Wort *Antichrist* benutzt.

> Kinder, es ist die letzte Stunde, und wie ihr gehört habt, dass der Antichrist kommt, so sind auch jetzt viele Antichristen aufgetreten; daher wissen wir, dass es die letzte Stunde ist.  1. Johannes 2:18

> Wer ist der Lügner, wenn nicht der, der leugnet, dass Jesus der Christus ist? Der ist der Antichrist, der den Vater und den Sohn leugnet.  1. Johannes 2:22

> Und jeder Geist, der nicht Jesus bekennt, ist nicht aus Gott; und dies ist der Geist des Antichristen, von dem ihr gehört habt, dass er komme, und jetzt ist er schon in der Welt.  1. Johannes 4:3

**Denn viele Verführer sind in die Welt hinausgegangen, die nicht Jesus Christus, im Fleisch gekommen, bekennen; dies ist der Verführer und der Antichrist.**
2. Johannes 7

Weil Johannes sagte: „Viele Antichristen sind schon in der Welt", lehren manche, es gäbe keine zukünftige Person mit Namen der *Antichrist*, sondern dieser sei nur ein Geist, der während der gesamten Geschichte die Göttlichkeit Christi abgelehnt hätte. Ich unterbreite dir, dass der Antichrist beides ist – ein Geist und eine Person. Der „antichristliche Geist" existierte gewiss schon in der Zeit der apostolischen Gemeinde, als einige ketzerische Lehrer die Göttlichkeit Christi und Seine Stellung als Sohn Gottes verneinten. Jedoch wird zur Endzeit ein Mensch auftreten, welcher der Fürst der Finsternis ist und als *der* Antichrist bezeichnet wird. Anhand der drei mit Christus verbundenen Schlüsselelemente erklärt Johannes in den folgenden vier Passagen seiner Briefe: Der Geist des Antichristen und der Antichrist werden folgendes abstreiten:

1. Er wird die Göttlichkeit Jesu Christi verleugnen (1. Johannes 2:22).

2. Er wird verneinen, dass Jesus Christus der Sohn Gottes ist (1. Johannes 2:22).

3. Er wird die einzigartige Beziehung zwischen dem Vater und dem Sohn ablehnen (1. Johannes 2:22).

Ebenso wie das zukünftig umkämpfte Land Israel und die zukünftige Konfliktstadt Jerusalem sein werden, wird sich die gegenwärtige und zukünftige Auseinandersetzung um die Frage drehen: *Wer ist oder wer war* Jesus Christus? War Er nur ein Mensch, ein Prophet unter Propheten, oder war Er der Sohn Gottes? Für viele religiöse Juden war Jesus Christus ein sterblicher Mensch der antiken Geschichte, der eine neue Religion stiftete. Für strenggläubige Moslems war Jesus Christus einer der großen Propheten Allahs (Gottes). Aber für die wahren Christen war und ist Jesus Christus der Sohn des lebendigen Gottes (Matthäus 16:16).

Weitere Hinweise, dass der Antichrist ein sterblicher Mensch ist und nicht nur irgendein böser Geist oder theologischer Glaube, werden in anderen neutestamentlichen Passagen durch den Gebrauch von Personal-Pronomen deutlich. Evangelikale Lehrer beziehen sich im Zusammenhang mit diesem zukünftigen Weltdiktator auf folgende Schriftstellen. Jedes Mal wird er durch die Verwendung eines maskulinen Nomens oder Pronomens gekennzeichnet:

- *Mensch* – „Der *Mensch* der Gesetzlosigkeit ... der Sohn des Verderbens..." (2. Thessalonicher 2:3).

- *Er* – „Er sitzt als Gott im Tempel Gottes, und weist sich als Gott aus...damit *Er* zu seiner Zeit offenbart wird ..." (2. Thessalonicher 2:4,6).

- *Ihm/sein* – „Der Drache gab ihm *seine* Kraft, *seinen* Thron und große Autorität ... Wer kann mit *ihm* kämpfen? Und es wurde *ihm* ein Mund gegeben, der große Dinge und Lästerungen redete; und es wurde *ihm* Macht gegeben, 42 Monate zu wirken ... Es wurde *ihm* gegeben, mit den Heiligen Krieg zu führen ..." (Offenbarung 13:2,4-5,7).

Sogar Johannes unterscheidet in seinen Schriften den Geist des Antichristen von der Person des Antichristen. In 1. Johannes 2:22 steht in der griechischen Interlinearübersetzung: *„Wer ist der Lügner, wenn nicht der, welcher verleugnet, dass Jesus der Christus ist? Dies ist der Antichrist ..."* [2] Die Bezeichnung „der Antichrist" ist im Griechischen *ho antichristos* und verweist auf eine bestimmte Person. Obwohl einige behaupten, der bestimmte griechische Artikel *(ho)*, übersetzt *der*, solle nicht für *„der* Antichrist" gebraucht werden, sondern es sei nur eine generelle Bezeichnung für „Antichrist", ändert dies nichts an der Tatsache, dass Daniel und Johannes einen Menschen und nicht irgendeinen Geist über die Welt regieren sahen.

Der *Geist* (oder die Haltung) des Antichristen wirkte schon während der Zeit von Johannes. Auch damals gab es einige Ketzer, welche die Göttlichkeit Christi ablehnten und dies niederschrieben. Der Antichrist aber, der Mann der Endzeit-Prophetie, wird noch kommen. Es ist dieser Mann, den Daniel als das „kleine Horn" kennzeichnete, der zwischen zehn Königen aufstieg und auf den sich Johannes als *das apokalyptische Tier* bezog.

Im Buch der Offenbarung, wird er symbolisch als „Tier" bezeichnet (Offenbarung 13:1). Das Wort *Tier* findet man auch in der King James Übersetzung in Offenbarung 4:6 als Bezeichnung für die lebendigen Kreaturen, die um Gottes Thron herum sind und beständig Gott anbeten. Das zur Beschreibung dieser Engelwesen verwendete griechische Wort ist *zoon* und steht für ein lebendes Geschöpf. Das Wort, um das System des Tieres oder des Antichristen zu beschreiben, ist *therion* und bezieht sich auf ein „wildes Biest" oder ein „gefährliches Tier". [3] Der Charakter dieses wilden Mannes wird somit von Johannes mit einem wilden Biest verglichen, das zerstampft, verschlingt und tötet.

## Bezeichnungen des Antichristen

Jahrhundertelang haben biblische Gelehrte über den alten Prophetien gebrütet und zahlreiche Schriftstellen aufgedeckt, die über diesen letzten Weltführer sprechen. Die folgenden Textstellen offenbaren den Charakter und das Wesen des letzten Weltdiktators:

- Das „kleine Horn" (Daniel 7:8).
- Ein „König mit hartem Gesicht" (Daniel 8:23).
- Ein „kommender Fürst" (Daniel 9:26).
- Ein „Verwüster" (Daniel 9:27).
- Der „König", der nach Belieben handelt (Daniel 11:36).
- Der „Sohn des Verderbens" (2. Thessalonicher 2:3).
- Der „Gesetzlose" (2. Thessalonicher 2:8).
- Der „Antichrist" (1. Johannes 2:22).
- Das „Tier" (Offenbarung 11:7).

## Was die Kirchenväter glaubten

Die frühen Kirchenväter werden in die drei folgenden Gruppen eingeteilt:

1. Die Apostolischen Väter
2. Die Väter vor dem Konzil von Nicäa
3. Die Väter nach dem Konzil von Nicäa

Die *Apostolischen Väter* waren Bischöfe und Geistliche, die direkt durch das Tutorenamt der Apostel gelehrt und unterwiesen wurden oder von Menschen, die unter den ersten

Führern der Gemeinde des ersten Jahrhunderts waren. Die *Väter vor dem Konzil von Nicäa* werden als die Bischöfe und Leiter bezeichnet, die nach den Apostolischen Vätern und bis zum Konzil von Nicäa im Jahre 325 nach Christus lebten. Einige berühmte Väter vor dem Konzil von Nicäa waren Justin der Märtyrer, Irenäus und Ignatius. Die *Väter nach dem Konzil von Nicäa* waren Bischöfe und Leiter seit dem Jahr 325 nach Christus, wie Augustinus von Hippo (der über Kirchenlehren schrieb) sowie Chrysostomos und Eusebius.

Es gibt zahlreiche niedergeschriebene Ausführungen der ersten Väter über den Aufstieg und die Herrschaft des Antichristen. Einige empfanden, der böse römische Imperator Nero, ein scharfer Verfolger der Christen, habe seinen Tod vorgetäuscht und würde sich noch einmal aus dem Osten als Antichrist erheben.

**Er (der Antichrist) selbst wird den Globus in drei Herrschermächte aufteilen, wenn sich überdies Nero aus der Hölle erheben wird. Elia wird zuerst kommen, um die Geliebten zu versiegeln; daraufhin werden die Regionen Afrikas und die nördliche Nation, ja die ganze Erde ringsumher sieben Jahre lang erzittern. [4]**

**Elia aber wird die Hälfte der Zeit in Anspruch nehmen, Nero die andere Hälfte. [5]**

Nero kam im Jahre 54 nach Christus mit 16 Jahren an die Macht. Er wünschte Rom umzubauen und eine Reihe von Palästen zu errichten, bekannt als *Neropolis*. [6] Sein Senat lehnte den Plan ab. Am 19. Juli 64 brach ein großes Feuer in Rom aus, was sechs Tage lang brannte und sich für weitere zwei Tage neu entzündete. Als sich der Rauch verzog, waren zwei Drittel Roms zerstört. Viele glauben, Nero habe das Feuer gelegt, um freies Bauland für sein Neropolis zu bekommen. Weil zu der

Zeit Christen aufgrund einer Prophetie glaubten, Rom würde durch Feuer zerstört werden, fand Nero seinen Sündenbock für das Niederbrennen der Stadt – die Christen. Er verkündete, die Christen hätten Rom in Brand gesetzt.

Diese Lüge löste im ganzen Römischen Weltreich, besonders aber in Rom selbst einen Gewaltausbruch gegen die Christen aus. Nero beging schließlich Selbstmord; dennoch glaubten einige, er würde selbst in Gestalt des gefürchteten Antichristen vom Tode zurückkommen. Ich bin sicher, die ersten Väter kannten folgende beiden Schriftstellen, hatten diese Prophetien aber auf Nero angewandt: Die Vorhersage in Offenbarung 17:11 über das Tier, welches „war und nicht ist" als auch jene in Jesaja 24:18 über „den, der mitten aus der Grube heraufsteigt". Dies ist eine falsche Auslegung, sowohl der Schrift als auch der Überlieferung.

Dann sind da noch jene, die glauben, Judas würde aus seiner Gefangenschaft in der Hölle wiederkommen und zum Antichristen werden. Diesen Glauben gründen sie auf Schriftstellen in den Briefen von Johannes und aus dem 2. Thessalonicher-Brief, wo Judas Iskariot und der kommende Antichrist als „der Sohn des Verderbens" bezeichnet werden (Johannes 17:12; 2. Thessalonicher 2:3).

Eine weitere Passage in Offenbarung 17:7+8, zusammen mit einem weniger gebräuchlichen Bezug auf Apostelgeschichte 1, hat so manchen Zeitgenossen veranlasst, die Theorie aufzustellen, Judas, der Verräter Christi, wäre tatsächlich der zukünftige Antichrist. Professoren der griechischen Sprache, wie Kenneth Wuest in seinem Buch *Prophetic Light in Present Darkness,* haben verschiedene Schriftstellen als verborgene Hinweise darauf gedeutet, Judas Iskariot sei der Sohn des Verderbens, welcher während der Trübsal aus der „Höllengrube" zurückkehren, einen menschlichen Körper in Besitz nehmen (die Verkörperung des Bösen) und so zum Antichristen werden wird. Die Schrift sagt uns, dass Satan in Judas' Herz einzog und er besessen davon wurde, Christus den römischen Soldaten sowie den jüdischen Priestern auszuliefern (Johannes 13:27). Später erkannte Judas seinen Fehler, und genau wie auch Nero Selbstmord beging, floh Judas auf einen Berg außerhalb der Stadtmauern Jerusalems und erhängte sich. Es heißt, das Seil riss, und er fiel kopfüber (Apostelgeschichte 1:18).

Als Petrus während eines apostolischen Treffens nochmals von Judas' Tod berichtet, sagt er: „Judas ist abgewichen, um an seinen eigenen Ort zu gehen" (Vers 25). Die Bezeichnung „sein eigener Ort" hat interessante Diskussionen hervorgebracht.

Einige sagen, Petrus habe lediglich gesagt, er sei gestorben und jetzt in der Hölle an einem für ihn aufgrund seiner Sünde reservierten Platz. Andere lehren, dieser „Platz" sei ein spezieller Bereich im höllischen Gefängnis, getrennt von den anderen Seelen und Räumen der Unterwelt. Die Theorie fügt hinzu, Judas werde derjenige sein, dessen tödliche Wunde heilen wird, und er würde in der Endzeit aus den Abgründen zurückkehren und zum Antichristen der biblischen Prophetie werden.

Die Theorien über Neros Wiederkehr und auch die Rückkehr Judas' stehen vor einer massiven biblischen Hürde: Beide haben Selbstmord begangen und sind schon gestorben. Ihre materiellen Körper sind wieder zum Staub der Erde geworden. Es würde der körperlichen Auferstehung einer der beiden bedürfen, um die wörtliche Vorhersage des Antichristen zu erfüllen. Wenn nur die Geister von Judas oder Nero aus den Abgründen zurückkommen würden, wäre kein Mensch fähig, auch nur einen von beiden in körperlichen Gestalt mit natürlichen Augen zu sehen, genauso wie wir Engel und Dämonen nicht mit unseren physischen Augen sehen können. Engel und Dämonen sind geistliche Wesen und für den natürlichen Bereich unsichtbar; ausgenommen, sie erscheinen in der Gestalt von Menschen, was gelegentlich geschieht (1. Mose 19:1-5).

Ein oft herangezogenes Argument zur Unterstützung der Annahme von der Rückkehr Judas' aus seinem höllischen Gefängnis lautet: Als Jesus für seine Jünger betete, bezeichnete Er Judas als „Sohn des Verderbens" (Johannes 17:12). Das Wort *Verderben* bedeutet „Zerstörung". Judas wurde für die Ausführung des Betruges am Erretter zur Zerstörung verdammt. Jesus sagte, es wäre für Judas besser gewesen, niemals geboren worden zu sein, als den Menschensohn zu verraten (Matthäus 26:24). Als Paulus Jahre später damit begann, die Taten des kommenden Antichristen aufzudecken, nannte er den Antichristen „den Mensch der Gesetzlosigkeit … den Sohn des Verderbens" (2. Thessalonicher 2:3). Die Verbindung zwischen dem, was Christus über Judas sagte, und was Paulus über den zukünftigen Antichristen schrieb, ist das Wort „Verderben". Viele Jahre nachdem Paulus den zukünftigen Mann der Gesetzlosigkeit „den Sohn des Verderbens", nannte, benutzte Johannes das gleiche Wort zur Beschreibung des apokalyptischen Endzeit-Tieres und dessen Reich der zehn Könige:

**Das Tier, das du gesehen hast, war und ist nicht und wird aus dem Abgrund heraufsteigen und geht ins Verderben; und die Bewohner der Erde, deren Namen nicht im Buch des Lebens geschrieben sind von Grundlegung der Welt an, werden sich wundern, wenn sie das Tier sehen, dass es war und nicht ist und da sein wird.**

Offenbarung 17:8

**Und das Tier, das war und nicht ist, es ist selbst sowohl ein achter als auch von den sieben und geht ins Verderben.** Offenbarung 17:11

Um die Judas-als-Antichrist-Theorie weiterhin zu *bekräftigen*, weisen einige darauf hin, die dämonische Macht, welche den Antichristen lenkt, würde in gleicher Weise „ins Verderben gehen" oder in den „Sohn des Verderbens" eindringen, sowie Satan beim letzten Abendmahl das Herz von Judas erfasste. Deshalb würde der Antichrist mit einem der stärksten bösen Geister besetzt sein, der je in der Weltgeschichte freigesetzt wurde.

In einer Schriftstelle beschreibt Johannes eine große Anzahl von Kreaturen aus der bodenlosen Grube (dem Abgrund) und benennt den sie führenden dämonischen König:

**Sie haben über sich einen König, den Engel des Abgrundes; sein Name ist auf Hebräisch Abaddon, und im Griechischen hat er den Namen Apollyon.** Offenbarung 9:11

Der griechische und hebräische Name dieses Engels bedeutet „ein Zerstörer." Beispielsweise sandte Gott während der Zeit, als sich die hebräische Nation auf den Auszug aus Ägypten vorbereitete, einen „Todesengel", um die Erstgeborenen in den Häusern der Ägypter zu töten. Dieser Engel wurde „der Verderber" genannt (2. Mose 12:23).

Mein Punkt ist folgender: Als Johannes angab, dass das Tier „ins Verderben ginge" erwähnte er nicht unbedingt einen Geist, welcher den Antichrist besetzt hatte, sondern die Tatsache, dass „Verderben" oder Zerstörung das Endergebnis des Tieres und seines Königreiches sein werde. Am Ende der Trübsal wird der Antichrist von der Erde entfernt und „dem Brand des Feuers übergeben werden" (Daniel 7:11).

Ich glaube, dass Judas seinen Untergang mit seinem Tod besiegelte und in Ewigkeit an „seinen Ort" gebunden bleibt. Genauso ist Nero, anders als angenommen, niemals wieder erschienen, weil er ebenso seinem ewigen Schicksal begegnet ist und für immer gebunden bleibt. Es gibt keine biblische Aussage des Herrn, in der Er einer ungehorsamen Person erlauben würde, nach Jahren des Todes die Hölle zu verlassen, um aus irgendeinem Grund auf der Erde zu leben. Tatsächlich ist das Gegenteil wahr. In Lukas 16 starb ein reicher Mann und seine Seele und sein Geist wurden in die Hölle gebracht. Er wünschte sich von diesem schrecklichen Ort zur Erde zurückzukehren, um seine fünf Brüder vor den Gefahren der glühenden Kammern des ewigen Gefängnisses zu warnen. In dem Gespräch wurde ihm mitgeteilt, er könne weder seinen Ort verlassen, noch würde ihm erlaubt sein, auf die Erde zurückzukehren, um seine Familienangehörigen zu warnen (Lukas 16:19-31).

Aus allen biblischen Hinweisen ist ersichtlich, dass der Antichrist ein sterblicher Mensch mit einem „antichristlichen Geist" ist, welcher seine Lehre, sein Königreich und seine Autorität beeinflusst. Er wird sich am Ende des Zeitalters erheben und eine Armee von Nachfolgern vereinen, die gegen alle Krieg führen werden, die ihm entgegenstehen.

Wie wir später erörtern werden, ist dieses Tier mehr als eine Person. Es ist ein *Weltreich* aus der Vergangenheit, was in der Zukunft wieder auferstehen wird.

Schon zur Zeit der Zerstörung des Tempels bestand die Einsicht über einen letzten Weltdiktator, der die Welt kontrollieren und unter den Nationen Verwüstung anrichten würde. In frühen Gemeindeschriften gibt es einige interessante Aussagen über den Antichristen:

Wenn das Ende der Zeit näher kommt, wird ein großer Prophet von Gott gesandt, um Menschen zur Kenntnis Gottes zu führen, und er wird Kraft empfangen, um Wunderbares zu tun...Und wenn seine Werke beendet sind, wird ein anderer König aus Syrien hervorkommen, geboren von einem bösen Geist, der Umstürzler und Vernichter der menschlichen Rasse, der zerstören wird, was vom vorigen Bösen übriggeblieben ist, wie auch sich selbst ... [7]

Ein weiterer Kommentar:

Dies nun ist er, der Antichrist genannt wird; aber er nennt sich selbst fälschlich Christus, und wird gegen die Wahrheit kämpfen, und einst überwunden, wird er fliehen; und wird erneut Krieg bringen, und oft besiegt werden, bis zum vierten Kampf, wenn alle Bösen erschlagen, überwältigt und gefangen genommen werden, so er dann für immer die Strafe seiner Verbrechen bezahlen wird ... [8]

In einem Absatz einer Erörterung des Buches Daniel, genannt die „Lehren Daniels", lesen wir:

„Und ich erkundigte mich über das vierte Tier." Es gehört zum vierten Königreich, über das wir schon gesprochen haben, auf das er sich bezieht: Dieses Königreich und kein größeres Königreich oder ähnliches hat sich jemals auf der Erde erhoben, von dem ebenso zehn Hörner entspringen und das unter zehn Kronen aufgeteilt wird. Und unter diesen wird sich ein weiteres kleines Horn erheben, welches das des Antichristen sein wird. Und es wird die drei anderen mit den Wurzeln ausreißen, die vor ihm waren: das bedeutet, er wird die drei Könige von Ägypten, Libyen und Äthiopien stürzen, mit Blick auf die Ergreifung seiner eigenen, allumfassenden Herrschaft. Und nachdem er die verbliebenen sieben Hörner erobert hat, wird er zuletzt damit anfangen, aufgebläht durch einen seltsamen und bösen Geist, einen Krieg gegen die Heiligen zu entfachen und alle überall zu verfolgen, mit dem Ziel von allen verherrlicht und als Gott angebetet zu werden. [9]

Es gibt noch viel mehr *Gemeindeüberlieferungen* über den Antichristen. Bischof Hippolyt sagte:

> ... ebenso wird auch der Ankläger durch eine unreine Frau auf die Erde gebracht, doch wird er fälschlicherweise von einer Jungfrau geboren ... [10]

Diese frühen Überlieferungen sind interessant und können manchmal Licht in dieses Thema bringen. Jedoch gibt die Bibel ausreichend Offenbarung und Verständnis über den Antichristen und dessen Königreich. Ich nenne es *das Königreich des Tieres*, das über 2.600 Jahre zuvor von einem hebräischen Propheten namens Daniel gesehen wurde, zu der Zeit, als er in Babylon lebte – genau in dem Gebiet, in dem das Tier der Prophetie eines Tages seine Kommandozentrale errichten wird.

# 4

# Zwei Füße, zehn Zehen und ein kleines Horn mit großem Mund

Und dass du die Füße und die Zehen teils aus Töpferton und teils aus Eisen gesehen hast: Das wird ein geteiltes Königreich sein; aber von der Festigkeit des Eisens wird in ihm sein, weil du das Eisen mit lehmigem Ton vermischt gesehen hast. Und die Zehen der Füße, teils aus Eisen und teils aus Ton: Zum Teil wird das Königreich stark sein, und zum Teil wird es zerbrechlich sein.　Daniel 2:41-42

Während ich auf die Hörner achtete, siehe, da stieg ein anderes, kleines Horn zwischen ihnen empor, und drei von den ersten Hörnern wurden vor ihm ausgerissen; und siehe, an diesem Horn waren Augen wie Menschenaugen und ein Mund, der große Worte redete.　Daniel 7:8

Daniel war der erste große alttestamentliche Prophet, der Einzelheiten über das letzte Weltreich aufdeckte, welches sich in der Endzeit erheben wird. Diese Offenbarung über das Tier wird in verschiedenen wichtigen prophetischen Träumen und Visionen im Buch von Daniel wiedergegeben. Der hebräische Prophet lebte zu der Zeit in Babylon, als dem babylonischen König Nebukadnezar der erste Traum entfaltet wurde. Die drei entscheidenden Träume/Visionen sind:

- Daniel 2 – der Traum des Königs Nebukadnezar von einem metallenen Standbild.

- Daniel 7 – Die Vision des Tieres mit den zehn Hörnern.

- Daniel 8 – die Vision eines Tieres mit zehn Hörnern und einem kleinen Horn (der letzte Führer), das große Worte sprach.

Lasst uns zuerst den Bericht in Daniel 2 sorgfältig untersuchen, den Traum von Nebukadnezar. Während der Nacht sah der babylonische König ein großes menschliches Standbild, das aus verschiedenen Metallarten bestand; beginnend am Kopf aus Gold und an den Füßen und zehn Zehen endend mit einem Gemisch aus Eisen und Ton (Daniel 2:31-35). Das Standbild hatte:

- Ein goldenes Haupt

- Eine Brust und zwei Arme aus Silber

- Hüften aus Bronze

- Zwei Beine aus Eisen

- Zwei Füße aus einem Gemisch von Eisen und Ton

- Zehn Zehen aus einem Gemisch von Eisen und Ton

Die alten Perser glaubten fest an einen Himmel mit sieben Ebenen. Die erste Ebene war aus Blei, die zweite aus Zinn, die dritte aus Kupfer, die vierte aus Eisen, die fünfte war eine Mischung, die sechste war aus Silber und die siebte war aus Gold gemacht. Der persische Glaube begann mit dem minder wertigen Metall und endete in der Höhe mit dem kostbarsten Metall.[1] In Nebukadnezars Traum beginnt das Standbild mit dem edelsten Metall am Kopf und schließt am Boden mit dem am wenigsten wertvollen.

Um 700 vor Christus teilte der griechische Poet *Hesiod* die Menschheitsgeschichte in fünf verschiedene Zeitalter – bestehend aus Gold, Silber, Bronze, Heldentum (das einzige nicht metallische Zeitalter) und Eisen. [2] In anderen Schriften wird die geistliche Weltgeschichte in Gold, Silber, Stahl und Eisengemisch-Zeitalter unterschieden, während sie sich vom Zeitalter der *Offenbarung* bis zum Zeitalter des *Abfalls* erstreckt!

## Das metallene Standbild in Daniel 2

Nebukadnezars Vision ist eine Mischung aus Weltgeschichte und geistlicher Geschichte und bewegt sich von Gold über Eisen zu Ton. Dieses Standbild und seine Metalle stellen die wichtigsten Weltreiche der Prophetie dar. Das Babylon aus Daniels Zeit war das erste; und eine Zehn-Königs-Koalition, welche die Welt bei der Rückkehr des Messias regieren wird, bildet den Abschluss. Der Lauf der Geschichte hat dies verdeutlicht.

## Das Haupt aus Gold

Das goldene Haupt repräsentiert Babylon, das für die Zerstörung des Tempels und die Gefangennahme der Juden verantwortlich war. Die Babylonier waren für ihren Goldreichtum bekannt. Einhundert Jahre nach König Nebukadnezars Tod schrieb ein antiker Historiker, er habe noch niemals so viel Gold gesehen wie in Babylon. - Schon allein ein Tempel – der Tempel von Belus - besaß eine fünfeinhalb Meter hohe Statue in Menschengestalt aus solidem Gold. Es gab auch goldene Skulpturen von zwei Löwen und ein goldenes Ischtar-Standbild. Innerhalb des Tempels war ein 12 Meter langer goldener Tisch, auf dem drei goldene religiöse Gegenstände platziert waren, die zusammen über 2200 Kilogramm wogen. Kein Wunder, dass Babylon *die goldene Stadt* genannt wurde.

### Die Brust und Arme aus Silber

Das auf Babylon folgende, zweite Weltreich war das Reich der Meder und Perser. Es wurde am Standbild durch die Brust und Arme aus Silber dargestellt. Das Medo-Persische Weltreich erlaubte den Juden nach Israel zurückzukehren sowie ihre Häuser und ihren Tempel wieder aufzubauen. Silber war für die Perser ein bedeutsames Metall, da ihre Steuern in Silber bezahlt werden mussten. Es wird gesagt, dass die Perser ihre Pferde mit silbernem Zaumzeug ausstatteten.

### Die Hüften aus Bronze

Das dritte Weltreich war Griechenland unter dem Kommando des militärisch genialen Alexander des Großen. Die Griechen werden beim Standbild durch bronzene Hüften repräsentiert. Die griechischen Armeen benutzten in ihren Kriegen bronzene Helme und Waffenrüstungen.

Der griechische Herrscher Antiochus Epiphanes verunreinigte den Tempel, füllte ihn mit heidnischen Götzen, setzte einen hellenistischen Priester in den Tempel und forderte die Opferung von Schweinen auf dem Altar.

### Die Beine aus Eisen

Das Römische Weltreich folgte dem Griechischen und wird durch eiserne Beine gekennzeichnet. Eisen hat eine zweifache Bedeutung: dieses Metall verwandten die Römer für die Herstellung ihrer Streitwagen und Waffen. Es versinnbildlicht auch Krieg und Kampf und ist damit ein zentrales Element der römischen Eroberung neuer Territorien. Der Tempel wurde ein zweites Mal zerstört – diesmal durch die Römer; und auch sie nahmen die Juden gefangen.

Das metallene Standbild im Traum des Königs stand auf *zwei* Beinen aus Eisen, womit eine Trennung des Römischen Weltreiches in zwei Teile vorhergesagt wurde. Der Prozess begann im Jahre 395 nach Christus, als das Römische Weltreich zwischen dem Osten (ein Bein) und dem Westen (das andere Bein) aufgeteilt wurde. 476 fiel der Westen (Rom) an die germanischen Stämme, aber das östliche Bein wurde zum Byzantinischen Weltreich. Die Byzantiner herrschten von Konstantinopel (in der heutigen Türkei) aus und errichteten in Palästina im Gedenken an viele heilige christliche Stätten Kirchen. Während die römische Kirche durch den Einfluss ihrer Päpste und der Kardinäle die Herrschaft über den Großteil Westeuropas behielt, übten die Byzantiner während einer Periode von 1.000 Jahren ihren Einfluss über den Osten, einschließlich Palästina und Jerusalem, aus.

Schließlich fiel 1453 der östliche Teil des Römischen Beines (Byzanz) in die Hände der muslimischen Türken. Ein islamisches Weltreich, genannt das Osmanisch-Türkische Weltreich, regierte von 1517 bis 1917 von Palästina aus. Nachdem sie 1517 die Kontrolle über Palästina und Jerusalem an sich gerissen hatten, begannen die Türken mit dem Wiederaufbau der oberen Mauern der Jerusalemer Altstadt. Die türkische Herrschaft dauerte bis ins frühe 20. Jahrhundert. Während des Höhepunktes seiner Macht erstreckte sich dieses Weltreich über drei Kontinente und umfasste neunundzwanzig Provinzen. Dieses Weltreich ist Nachfolger vom römischen, als auch vom byzantinischen Bein des Römischen Weltreiches. Schließlich wurden Palästina und Jerusalem durch die Briten besetzt, welche die türkische Vorherrschaft nach vierhundert Jahren beendeten.

Das Osmanische Weltreich war ein islamisches Kalifat, bis es 1923 aufgelöst und durch die türkische Republik ersetzt wurde, die heute als die Türkei bekannt ist. Seit 1923 träumen alle

Muslime dieser Welt von einer Zeit, wenn ein *heiliger Mann* aufstehen und den Islam wieder zu seinen herrlichen Tagen großen Einflusses aufrichten wird, wie es während der Zeit nach Mohammed und während des Osmanischen Weltreiches der Fall war.

## Die Füße, eine Mischung aus Eisen und Ton

Mit voranschreitender Zeit und Geschichte werden Metalle von geringerem Wert und weniger Stärke beschrieben. Der König sah zwei Beine aus Eisen, die an zwei Füßen aus Eisen und Ton endeten; sie repräsentieren Rom, Konstantinopel – die letzte Ost-West-Aufteilung.

### Die Trennung von Eisen und Ton

*Eisen* wird 59-mal im Alten Testament und in Bezug auf Waffen erwähnt. Somit ist Eisen ein Bild für Krieg, Stärke und Kampf. Das Wort *Ton* wird in der englischen Übersetzung 26-mal gebraucht und bezeichnet einen Tontopf, ein Tonsiegel, ein Tonhaus und in diesem Fall, Tonfüße.

In der Geschichte können wir die möglichen Erklärungen für die Eisen- und Tonmischung des Römischen Weltreiches erkennen, das sich in zwei Abteilungen – in Osten und Westen aufspaltet. Diese Trennung kann jeweils wie folgt weiter unterschieden werden:

1. Die Trennung des Römischen Reiches

2. Die Trennung der Römischen Religion

3. Die Trennung der Römischen Politik

4. Die Trennung des Römischen Geistes

Die Spaltung des Römischen Reiches stellte Rom auf ein Bein und Konstantinopel auf das andere. Sowohl Rom als auch Konstantinopel kamen aufs Spielfeld, als Konstantin das Christentum im Römischen Weltreich legalisierte. Rom und Konstantinopel wurden auf sieben Hügeln errichtet und Konstantinopel wurde das *neue Rom* genannt.

So gab es im Weltreich beides, eine politische und eine religiöse Trennung. Die katholische Kirche war die Hauptkraft Roms und der orthodoxe Zweig entwickelte sich nach seiner Abtrennung im 11. Jahrhundert in Byzanz.

Zur heutigen Zeit werden Eisen und Ton sichtbar durch den Kommunismus und die Demokratie. Tatsächlich wurde der Begriff des *Eisernen Vorhangs* im Zusammenhang mit dem Kommunismus bekannt. Nach dem Untergang der Sowjetunion und ihrer Aufteilung in die heutigen vielen Nationen können wir nun sehen, wie das Eisen des Islams mit dem Ton der Demokratie zusammenprallt.

**Und die Zehen der Füße, teils aus Eisen und teils aus Ton: Zum Teil wird das Königreich stark sein, und zum Teil wird es zerbrechlich sein. Dass du das Eisen mit lehmigem Ton vermischt gesehen hast: Sie werden sich durch Heiraten untereinander vermischen, aber sie werden nicht aneinander haften, so wie sich Eisen mit Ton nicht mischen lässt.** Daniel 2:42+43

So interpretiert die moderne Geschichte die zwei Füße. Der Ton repräsentiert die Demokratie und das Eisen ist Teil einer Herrschaftsform, die Krieg, Kampf und ihre Stärke zur Kontrolle einsetzt. Beginnend mit dem Untergang des Osmanischen Weltreiches betrat nach dem Ende des 1. Weltkrieges eine andere politische und militärische Macht die Weltbühne – der Kommunismus. Diese Bewegung aus Russland wurde schließlich zum atheistischen, antigöttlichen, antichristlichen

Glaubenssystem, das sein Volk mit eiserner Faust regierte. Ihr nationales Symbol waren Hammer und Sichel (aus Eisen), und alle unter seiner Herrschaft lebten sozusagen hinter dem *Eisernen Vorhang*. Siebzig Jahre lang, von 1917 bis 1987, traf die eiserne Faust des Kommunismus auf den Ton der Demokratie und zerbrach jede demokratische Opposition. Eisen regierte den Osten und Ton (die Demokratie) den Westen.

Mit den Streiks in Polen, dem Fall der Berliner Mauer und schließlich dem Zerbrechen der Sowjetunion fügte sich in den späten 80ern Jahren allmählich ein anderes *eisernes Königreich* zusammen, das über den Mittleren Osten verstreut worden war – wie Metall, das durch einen Magneten angezogen wird. Ihre gemeinsame Vision war, Israel zu schlagen und die Juden aus dem *palästinensischen Land* zu vertreiben. Dieses neue Eisen war der fanatische Zweig der islamischen Religionen, welcher einen Aufruf zum Jihad (ein heiliger Krieg für die islamische Sache) predigte. Diese Radikalen verfolgten die Strategie, den Islam zu vereinen und Israel mitsamt seinen westlichen Verbündeten zu schlagen. Wieder erkennen wir, wie im Westen der Ton / die Demokratie herrscht und das Eisen sich im (mittleren) Osten erhebt.

In erster Linie haben die tönernen *Demokratien* Amerika und Großbritannien die Aufgabe übernommen, Afghanistan, Pakistan und die Staaten des Mittleren Ostens zu blühenden Demokratien umzuformen. Trotzdem vermischen sich Eisen und Ton nicht gut. Militante Islamisten und strikte Verfolger islamischer Gesetze werden liberalen demokratischen Ideen nicht erlauben, sich mit der strengen Einhaltung islamischer Gesetze und Traditionen zu vermischen. Für den strenggläubigen Islam ist die Demokratie *zu schwach*. Weltliche Demokratien erlauben Alkohol, was unter den Muslimen verboten ist. Frauen in demokratischen Ländern zeigen oft ihre Körper in schamloser Mode, was ebenfalls in strengen islamischen Kulturen nicht erlaubt ist. Wenn der Westen auch noch so sehr versucht, die *islamischen Nationen zu liberalisieren,* indem er die Demokratie als Waffe benutzt, wird sich der Ton nicht mit dem strengen *Eisen* des Islams vermischen. Ich glaube, aus diesem Grund sagte Daniel, dass sich das Eisen und der Ton nicht vermischen werden (Daniel 2:43).

## Die zehn Zehen, aus einer Mischung von Eisen und Ton

Mit der Vollendung des Zeitalters, am Ende der Zeit, steht das Standbild auf zwei Füßen mit zehn Zehen. Diese zwei Füße sind eine Mischung aus Eisen und Ton. Demzufolge ist in prophetischer Symbolik ein Fuß der Osten und ein Fuß der Westen. Der Kirchenvater Hippolyt sagt dazu:

**Weil diese Dinge in der Zukunft liegen und weil die Zehen des Bildes ebenso vielen Demokratien entsprechen und die zehn Hörner des vierten Tieres über zehn Königreiche verteilt werden ...**[3]

Die zehn Zehen sind zehn zukünftige Könige. Es scheint, dass fünf aus dem Westen und fünf aus dem Osten kommen, da die zwei Beine und zwei Füße den Westen und den Osten beschreiben. Gelehrte haben lange über die Identität der zehn Könige gestritten, welche die zehn Zehen repräsentieren. Sie sind sicherlich eine Koalition der Endzeit-Nationen vor der Rückkehr Christi. Viele prophetische Lehrer haben gelehrt, der Gemeinschaftsmarkt (jetzt die Europäische Union) sei die Erfüllung dieser Prophetie. 1951 wurde der Pariser Vertrag unterzeichnet und schuf die Europäische Gemeinschaft für Kohle und Stahl (EGKS). Dieses erregte prophetisches Interesse, da Kohle aus dem *Ton* der Erde gefördert wird und *Stahl* aus Eisenerz gewonnen wird (also das Eisen und der Ton).

Ein Ziel für die Gründung der EGKS war die Vereinigung europäische Länder, um zukünftigen Krieg zu verhindern. Schließlich wurden 1957 die Römischen Verträge unterzeichnet, die Europäische Wirtschaftsgemeinschaft sowie die Europäische Atomgemeinschaft gegründet. Dann entstand ein gemeinsamer Wirtschaftsmarkt in Europa aus sechs Gründungs-Mitgliedsstaaten: Frankreich, Westdeutschland, Italien, Belgien, die Niederlande und Luxemburg.

In den 1980ern Jahren wurde Griechenland das zehnte Mitglied und prophetische Lehrer begannen, die Trompete zu blasen und warnten Nordamerika, die zehn Könige der Prophetie hätten sich formiert. Allerdings blies die Trompete einen eher dumpfen Ton, nachdem sich mehr als zehn Nationen mit der EU Koalition vereinten. Im Jahr 2013 waren 28 Nationen in der Gemeinschaft und weitere warten auf ihre Aufnahme.

Ich glaube, die EU ist ein Teil des siebten Weltreiches, welches für kurze Zeit besteht; ich stimme aber nicht damit überein, dass es das achte Weltreich mit den letzten zehn Königen ist. Es gibt drei Probleme, will man die EU zu den letzten zehn Königen der Prophetie erklären. Als erstes, so wie ausgeführt, gibt es mehr als zehn Nationen in der EU, und viele andere planen, sich in der Zukunft anzuschließen. Zweitens sind die gegenwärtigen Nationen in der EU überwiegend westliche Nationen von der westlichen Seite des Römischen Weltreiches. Die zwei Füße und zehn Könige müssen aber sowohl aus dem Osten, wie aus dem Westen kommen. Es wird betont, dass die EU eine Fortführung des alten Römischen Weltreiches sei. Schaue aber drittens auf die anderen Staaten, die Teil des alten Römischen Weltreiches waren und die derzeitig *nicht* zur EU gehören:

1. Ägypten
2. Äthiopien
3. Israel
4. Libanon
5. Syrien

6. Teile des Iraks
7. Türkei
8. Jordanien
9. Marokko

Diese Länder waren zwar alle Teil des römischen Territoriums, als Johannes die Apokalypse (das Buch der Offenbarung) schrieb, und mit Ausnahme Israels sind heute alle Nationen islamisch; jedoch standen alle diese Regionen vor 1800 Jahren unter Besatzung, Kontrolle oder Einfluss der römischen Eroberer. Ich habe oft gesagt: „Einige prophetische Lehrer haben alle zehn Zehen aus dem einen Fuß wachsen lassen – dem westlichen". Aber wenn das der Fall wäre, würden wir den Glauben bestärken, die EU sei die einzige Erfüllung von Daniels zehn Zehen.

Eine Erklärung ist: Die meisten der oben genannten Nationen werden irgendwann der EU beitreten und die Euro-Währung einführen, was beim Niedergang oder Fall des US-Dollars möglich sein könnte. Oder die zehn Könige könnten schließlich eine Vereinigung islamischer Nationen (einige sind oben genannt) sein, die eine Zehn-Nationen-Koalition bilden und ihr islamisches Territorium dem Antichristen übergeben werden, um eine Einheit aus zehn Königen zu bilden.

## Das Aufkommen der zehn Könige

Einige Propheten setzen die Führer dieser Zehn-Nationen-Koalition mit den in Daniel 7:24 und Offenbarung 17:12 genannten zehn Königen gleich. Demokratische Länder wie

Amerika wählen eine Person zum *Präsidenten*. Die Römer gaben ihrem Leiter den Titel *Imperator*. Für Briten und Israelis ist der *Premierminister* ihr Führer. Eine der wenigen Gegenden der Welt, in der die regierenden Leiter noch als *Könige* bezeichnet werden, ist der islamische Persische Golf, mit solchen Führern wie dem König Saudi Arabiens. Sieben der Golfstaaten werden *Emirate* genannt. Einige haben einen Prinzen oder Fürsten, welcher ihrer Nation vorsteht. Das Königreich Jordanien hat auch einen *König* und ist eine parlamentarische Monarchie. Dies mag ein weiterer Hinweis sein, den Antichristen zu identifizieren, da er der „Fürst, welcher kommen wird ..." (Daniel 9:26) genannt wird.

Der Persische Golf ist eine wichtige Wasserstraße, auf der das weltweit meiste Öl per Öltanker transportiert wird. Das prophetische Tier wird sich nicht nur aus dem *Meer* der Nationen erheben, sondern auch aus den Nationen, die den Persischen Golf unmittelbar umgeben.

Während der Tage dieser zehn Könige wird *„der Gott des Himmels sein Königreich einsetzen, welches niemals zerstört wird."* (Daniel 2:44)

### Die Vision von den vier Tieren

Die zweite prophetische Vision ist in Daniel 7 verzeichnet. Diese Vision beschreibt vier Tiere, jedes davon repräsentiert ein anderes prophetisches Weltreich. Daniel sah: „... die vier Winde des Himmels wühlten das große Meer auf." (Vers 2) Das „große Meer" ist ein früherer Name für das heutige Mittelmeer und verbindet Nordafrika, Israel, die Türkei, Italien und Spanien miteinander.

Die vier Tiere in der Vision kennzeichnen Weltreiche, welche Herrschaft über die das Meer umgebenden Nationen ausüben.

Das erste Tier war ein Löwe mit zwei Flügeln, was allgemein mit Babylon gleichgesetzt wird (Vers 4). Während der Zeit des antiken Babylons stellte man Statuen von Geschöpfen mit menschlichen Köpfen und Körpern von geflügelten Löwen her und nannte diese *Lamassu*. Sie wurden an den Eingängen von Tempeln und Toren platziert. Zwei geflügelte Löwen wurden in die Ecken der Tore des *Xerxes* im iranischen *Persepolis* gemeißelt. Ein geflügelter Löwe mit einem offenen Buch bedeutete Frieden, doch einer mit einem geschlossenen Buch stand für Krieg.

Das darauf folgende zweite Tier war ein Bär und ist historisch mit dem zweiten Weltreich der biblischen Prophetie verbunden – dem Persischen Weltreich (Vers 5). Aus der Geschichte weiß man, dass einige der größten Bären der Welt aus den Bergen Persiens kamen. Der Bär in Nebukadnezars Vision hatte drei Rippen in seinem Maul (Vers 5), ein Bild für die drei von Persien überwundenen Nationen – Lydien, Babylon und Ägypten. Das Buch von Daniel erwähnt den Sieg des persischen Königs Kyros über die Babylonier.

Die dritte apokalyptische Kreatur wird als Leopard mit vier Flügeln beschrieben (Vers 6). Der Leopard ist für seine Schnelligkeit bekannt. Das beschreibt sehr genau die Geschwindigkeit des dritten Weltreichs – Griechenland, angeführt durch Alexander, den Großen – welcher die Perser schlug und seinen Hauptsitz nach Babylon verlegte. Alexander dehnte sein Weltreich von Ägypten bis nach Indien aus.

Das vierte und letzte Tier ist das wichtigste und für uns interessanteste. Daniel gibt keine körperliche Beschreibung von einem besonderen Tier, sondern nur: „... ein viertes Tier, furchtbar und schreckenerregend und außergewöhnlich stark, und es hatte große eiserne Zähne; es fraß und zermalmte, und den Rest zertrat es mit seinen Füßen. Und es war verschieden von allen Tieren, die vor ihm waren, und es hatte zehn Hörner." (Vers 7) Dieses vierte Tier beschreibt das Römische Kaiserreich sehr treffend.

Manche mögen einwenden, die Interpretation dieser Tiere sei eine eher zeitgenössische Erklärung, niedergeschrieben lange nach der eigentlichen Begebenheit. Allerdings lehrte einer der ersten christlichen Theologen, Hippolyt (170-236 nach Christus), Pastor der römischen Kirche und vertraut mit den prophetischen Auslegungen, die Bedeutungen dieser Tiere wie folgt:

- Der Löwe war Babylon, und Nebukadnezar war der Kopf des Standbildes. Die zwei Flügel des Löwen repräsentieren die Herrlichkeit, welche Nebukadnezar genommen, ihm aber nach seinem Zusammenbruch wieder verliehen wurde.

- Der Bär war das Medo-Persische Reich, und die drei Rippen in seinem Maul repräsentieren Medien, Persien und Babylon.

- Der Leopard war Alexander der Große, und die vier Flügel repräsentieren die vier Bereiche des Weltreiches nach seinem Tod.

- Das nicht beschriebene Tier war Rom. Die zehn Zehen sind zehn Könige, die aus dem römischen Gebiet hervorkommen werden. [4]

Diese Erklärung blieb jahrhundertelang für traditionelle christliche Lehrer die beste Interpretation. Diese vier Tiere sind die vier erfolgreichen Weltreiche Babylon, Medo-Persien, Griechenland und Rom.

## Das kleine Horn

Die apokalyptische Literatur sowohl von Daniel als auch der Offenbarung führen zu einem Tier mit zehn Hörnern an seinem Kopf (Daniel 7:7-8; 20; 24; Offenbarung 13:1; 17:3, 12). Hörner können ein Königreich darstellen, einen König oder eine erhabene Autorität. Die Hörner am Kopf des apokalyptischen Tieres werden erkannt als zehn Königreiche, regiert von zehn Königen.

> Und die zehn Hörner bedeuten: Aus diesem Königreich werden sich zehn Könige erheben. Und ein anderer wird sich nach ihnen erheben, und dieser wird verschieden sein von den vorigen, und er wird drei Könige erniedrigen. Daniel 7:24

> Und die zehn Hörner, die du gesehen hast, sind zehn Könige, die noch kein Königreich empfangen haben, aber mit dem Tier eine Stunde Macht wie Könige empfangen. Offenbarung 17:12

Daniel sah einen Mann, verstanden als das „kleine Horn" (Führer), der aus der Mitte der Zehn aufstehen wird. Er wird in Daniels Vision beschrieben.

> Während ich auf die Hörner achtete, siehe, da stieg ein anderes, kleines Horn zwischen ihnen empor, und drei von den ersten Hörnern wurden vor ihm ausgerissen; und siehe, an diesem Horn waren Augen wie Menschenaugen und ein Mund, der große Worte redete. Daniel 7:8

> Und aus dem einen von ihnen kam ein einzelnes Horn hervor, zunähst klein, aber es wurde übermäßig groß gegen Süden und gegen Osten und gegen die Zierde. Daniel 8:9

Dieses kleine Horn, welches „Augen wie Menschenaugen hat", symbolisiert eine Person, die zum letzten Weltdiktator werden wird. Der Begriff „kleines Horn" ist einzigartig. Es kann sich auf seine körperliche Größe beziehen, also klein von Statur. Es mag auch auf seine Autorität anspielen, die nachlässt und gering ist. Und dennoch wird er durch seinen „großen Mund" Autorität und Einfluss gewinnen. Er wird einen „großen Mund haben, der große Worte redet" (Daniel 7:8) und „große Worte gegen den Höchsten" sprechen (Vers 25). Dieses kleine Horn wird auch drei der zehn Könige ausreißen oder einnehmen (Vers 8). Daniel benennt Ägypten, Libyen und Äthiopien als die drei Nationen, die er überwältigen wird (Daniel 11:43). Verschiedene frühe Väter deuten ebenso auf diese drei Nationen, die der Antichrist ausreißen wird, wenn er die Macht an sich reißt. Alle drei dieser Nationen sind heute im wesentlichen islamisch, und alle drei verfügen über eine kleine christliche Bevölkerung.

## Die Kommandozentrale des Tieres

Bei so vielen beteiligten Nationen, wo wird da das Tier wohl seine Kommandozentrale aufrichten? Als erster biblischer Prophet sah Daniel die drei Weltreiche als Tiere, die einem Löwen, Bären und Leoparden ähneln. Mehr als sechshundert Jahre später sah Johannes das letzte Weltreich des Tieres, welches das von Daniel *nicht beschriebene* Tier war und zehn Hörner am Kopf trug. Johannes gab eine sehr anschauliche Beschreibung und offenbarte damit das Königreich des letzten Tieres als eine Kombination aus den von Daniel mit Tieren verglichenen Weltreichen.

**Und das Tier, das ich sah, war gleich einem Panther und seine Füße wie die eines Bären und sein Maul wie eines Löwen Maul. Und der Drache gab ihm seine Kraft und seinen Thron und große Macht.**

Offenbarung 13:2

Der Löwe Daniels war das alte Babylon (Daniel 7:4). Heute besteht diese Region aus dem Iran, Syrien und dem Libanon. Der Bär aus Persien (Vers 5) umfasst die Nationen Iran, Irak, Afghanistan und Pakistan. Das antike Griechische Weltreich, symbolisiert durch den Leoparden (Vers 6), schließt alle oben genannten Reiche mit ein, inklusive Mazedonien und Türkei. Mit Ausnahme von Griechenland ziehen alle oben genannten Nationen an einem Strang – es sind islamische Nationen, kontrolliert durch islamische Regierungen. Es ist klar, dass dieses Endzeitkönigreich des Tieres eine vereinigte Koalition islamischer Nationen oder eine Formation eines lange erwarteten islamischen Halbmondes sein wird. Sie wird sich von Pakistan im Osten bis hinunter nach Ägypten ans nördliche Horn von Afrika erstrecken. Diese Nationen umfassen, sind aber nicht begrenzt auf:

- Afghanistan
- Pakistan
- Iran
- Irak
- Syrien
- Libanon
- Ägypten
- Äthiopien
- Griechenland
- Mazedonien

### Weitere Belege für die islamische Herrschaft

Der Körper des Tieres war ein Leopard, die bildhafte Beschreibung für das Griechische Königreich. Nach dem Tode Alexanders des Großen wurde dessen (Griechisches) Weltreich unter seinen vier Hauptgenerälen aufgeteilt (Daniel 11:4). Jeder der vier Generäle Alexanders erhielt jeweils einen Anteil von den riesigen, vom Griechischen Weltreich eroberten und kontrollierten Gebieten. Die vier Generäle und die von ihnen regierten Gebiete waren:

| Der General | Die Region | Der heutige Bereich |
|---|---|---|
| Ptolemy | Ägypten und Nordafrika | Ägypten, Libyen und Nordafrika |
| Seleucus | Assyrien und Babylon | Libanon, Syrien und Irak |
| Lysimachus | Türkei | Türkei und Südrussland |
| Cassander | Griechenland und Mazedonien | Griechenland, Bulgarien und Rumänien |

Nachdem Daniel diese Vierteilung des Griechischen Weltreiches sah, gibt er einen Anhaltspunkt über die Gegend, aus der sich der kommende Antichrist erheben wird:

**Und aus dem einen von ihnen kam ein einzelnes Horn hervor; zunächst klein, aber es wurde übermäßig groß gegen Süden und gegen Osten und gegen die Zierde.** Daniel 8:9

Der Antichrist wird sich aus einer der folgenden vier Teilgebiete des ehemaligen Griechischen Weltreiches erheben:

1. *Ägypten* – Heimat des alten Ägyptischen Weltreiches

2. *Türkei* – Heimat des fast eintausendjährigen Türkischen Weltreiches

3. *Griechenland* – Heimat des antiken Griechischen Weltreiches

4. *Syrien und Irak* – Heimat des ehemaligen Babylonischen Weltreiches

Wir wissen, der Antichrist wird Nordafrika, bestehend aus Ägypten, Libyen und Äthiopien, einnehmen (Daniel 11:43). Wie wir lesen, werden während einer Reihe von Kriegen „aber Gerüchte von Osten und von Norden her ihn erschrecken" (Vers 44). Während dieser Zeit in der prophetischen Geschichte wird der nördliche König aus der Türkei kommen, als einer der stärksten islamischen Nationen im Mittleren Osten. Falls die Türkei gegen den Antichristen kämpft, wird dieser offensichtlich seinen Hauptsitz nicht in der Türkei haben. Falls er von außen eindringt und Nordafrika übernimmt, ist sein Hauptsitz auch dort nicht gelegen. Dann bleiben nur die Regionen von Griechenland oder Syrien-Babylon.

Die beste Wahl unter diesen vier Örtlichkeiten aus biblischer und historischer Sicht ist das Gebiet von Syrien-Babylon. Über Jahrhunderte haben Gelehrte zahllose Prophetien untersucht, die auf einen Führer aus dem assyrischen Territorium hindeuten. Die biblische Prophetie verbindet ihn auch mit Babylon.

### Die tödliche Wunde

Johannes' letztes prophetisches Tier war eine siebenköpfige Kreatur mit zehn Hörnern. Diese sieben Köpfe führen zu den sieben Weltreichen der vergangenen und zukünftigen Bibelprophetien. (Erinnere dich, fünf Weltreiche sind schon in den Tagen von Johannes gefallen und eines bestand – aber Johannes sah ebenso einen zukünftigen König – das siebte Haupt.) Eines dieser sieben großen prophetischen Weltreiche, also einer der „Köpfe", würde zwar tödlich verwundet, aber wieder aufleben.

**Und ich sah einen seiner Köpfe wie zum Tod geschlachtet. Und seine Todeswunde wurde geheilt, und die ganze Erde staunte hinter dem Tier her.** Offenbarung 13:3

Von einigen Predigern hörte ich als Erklärung dieser Vorhersage, dem Antichristen würde in den Kopf geschossen werden und zum Erstaunen aller würde dieser wieder auferstehen. Die große Herausforderung dieser Interpretation ist der Text selbst, der lautet „einer seiner Köpfe" nicht „sein Kopf". Jeder Mensch hat nur einen Kopf, doch ein Königreich hat viele Köpfe oder Leiter innerhalb des Königreiches.

Es gibt drei mögliche Bedeutungen für die Erklärung, warum einer von sieben Köpfen verwundet wird. Das Wort *Wunde* bedeutet hier „verstümmeln oder brutal erschlagen, wie ein Tier." Es deutet einen plötzlichen Schlag an, der einen der Köpfe des Tieres besiegt. Einige benutzen diese Schriftstelle, um zu lehren, der Antichrist erhielte eine Wunde am Kopf und stürbe, doch er würde übernatürlich aus dem Tode wieder auferstehen – als eine *dämonische Auferstehung*, um die Auferstehung Christi zu imitieren.

Eine andere Denkrichtung glaubt, der Antichrist müsse zur Hälfte der Trübsal eine große militärische Niederlage hinnehmen. Aber dann plötzlich, kurz vor der vollständigen Niederlage, werde er wiederbelebt, um dann gegnerische Nationen einzunehmen und sie seinem Königreich einzugliedern. Ein Grund für diese Erklärung findet sich in Offenbarung 13:4, wo die Welt über ihn staunt und sagt: „Wer kann gegen das Tier Krieg führen?" Der Antichrist wird die Welt in Staunen versetzen mit seiner Fähigkeit zu kämpfen und Nationen zu überwinden.

Die dritte und glaubwürdigste Auslegung besagt, eins der vorangegangenen sieben Königreiche (einer der Köpfe des Tieres) würde tödlich verwundet. Bemerke, einer der *Köpfe* und nicht eines der *Hörner* ist verwundet. Die Hörner repräsentieren die einzelnen Könige und die Köpfe die irdischen, prophetischen Königreiche. Die Betonung liegt nicht so sehr auf dem Antichristen, sondern auf einem der Köpfe des Tieres oder einem der sieben Weltreiche der Prophetie. Wie schon zuvor festgestellt, sind die sieben Weltreiche folgende:

- Ägypten
- Assyrien
- Babylon
- Medien-Persien
- Griechenland
- Rom
- Die Ost-West Teilung

Welches Weltreich oder welche Nation aus der obigen Liste existiert nicht mehr? Das Ägyptische Weltreich verlor nach dem Wegzug der Hebräer an Herrlichkeit, aber die Nation Ägypten besteht noch. Die Assyrer, heute Syrien genannt, verharren mit wenig oder keinem Einfluss auf der globalen Szene. Die Perser werden heute Iraner genannt und das iranische Volk betrachtet sich selbst als Perser, nicht als Araber. Griechenland ist eine zeitgenössische Nation und Teil der EU. Italien, dessen Hauptstadt Rom ist, ist ein Staat unter den Weltnationen und der Hauptsitz der Römisch-katholischen Kirche, residierend im Vatikanstaat in Rom. Sogar die Türkei besteht mit demselben Namen ihres ehemaligen Weltreiches weiter. Nur eine der frühen Weltreiche der antiken Welt existiert nicht mehr unter seinem Namen, und das ist Babylon.

### Babylon – von den Toten zurück

Der Turm zu Babel, aufgebaut durch Nimrod und erwähnt in 1. Mose 11, ist der Beginn des Babylonischen Königreiches (1. Mose 10:10). Jahrhunderte später erbaute Nebukadnezar eine der weltweit aufwendigsten Städte am Fluss Tigris in Mesopotamien. Während seiner Zeit als jüdischer Gefangener schrieb Daniel in diesem Babylon sein Buch.

Obwohl die Bezeichnung *Babylon* der antike Name für ein prophetisches Weltreich ist, wurde so fünfhundert Jahre später die ganze Gegend um Babylon herum benannt, nachdem die Juden aus der Gefangenschaft zurückgekehrt waren. In 1. Petrus 5:13 adressiert Petrus an „die Gemeinde in Babylon ..." Der Name *Babylon* wird sechs mal vom Matthäus-Evangelium an bis zum 1. Petrusbrief 5:13 genannt und jede Erwähnung bezieht sich auf Babylon, die Hauptstadt der Chaldäer. In der Offenbarung erwähnt Johannes den Namen Babylon sechs Mal als ein geistliches Babylon (*mystisches Babylon* – Offenbarung 17:5; so nur in der englischen King-James-Version) und sagt den wirtschaftlichen Zusammenbruch Babylons voraus. Warum benutzt Johannes den Namen Babylon, wenn er auf eine zukünftige Zerstörung einer Stadt anspielt, die auf sieben Hügeln errichtet wurde (Offenbarung 17:9)?

Iraks gegenwärtiges Territorium entspricht der Region des antiken, politischen Babylons in der Bibel. Der frühe Name war ‚das Land Schinar', ein Ort des ersten Mega-Bauwerkes, des Turmes zu Babel (1. Mose 11). Jahrhunderte später sah der Prophet Sacharja eine fliegende Schriftrolle, und es wurden ihm ihre Ausmaße gegeben. Er gebrauchte das Maß einer Elle, was 63,5 Zentimetern entspricht, und somit war die Rolle 12,70 Meter lang und 6,35 Meter im Durchmesser groß.

Diese Schriftrolle enthielt einen Fluch, der Holz und Steine eines Hauses verzehrte. Der Prophet blickte in die Zukunft und sah einen *ephah* (Korb) mit einem Bleideckel bedeckt, der 55 Kilogramm wog. Im Korb war eine Frau, die „Bosheit" hieß. Sie wurde von zwei engelsgleichen Wesen auf Flügeln zu einem Ort getragen, der in den Ebenen von Schinar liegt (Sacharja 5:1-11). Heute gibt es dort nahe Bagdads einen flachen Landstrich mit Namen *Schinar*. Dies ist die Gegend, auf die in der Vision von Sacharja Bezug genommen wird.

Als sich der biblische Gelehrte Finis Dake in den 1940er Jahren auf diese seltsame Vorhersage bezog, vermerkte er in Randnoten zu seiner *Annotated Bible*:

> Eines ist gewiss: Babylon wird das Zentrum der Geschehnisse im Osten während der letzten Tage sein – für Handel, Religion und Politik. Es wird wieder erbaut und zur Hauptstadt des Antichristen werden. Er wird aus Syrien kommen, welches zu jenen Tagen zu Babylon gehört, denn die syrische Division des alten griechischen Weltreiches umfasst all die Länder von Syrien bis zum Irak. [5]

Babylon ist ebenso ein Thema in der Prophetie von Jesaja. Dieser stellt den Fall Luzifers (Satans) aus dem Himmel in Kapitel 14 Verse 12-15 seines nach ihm benannten Buches dar. Danach sagt Gott die Niederlage Babylons voraus und wie Er die Rute Assyriens über dem Lande Israels zerbrechen wird (Jesaja 14:22, 25). Die Prophetie wendet sich plötzlich von einer assyrischen Prophetie zu einer Prophetie gegen Palästina:

> Freue dich nicht, ganz Philistäa, dass der Stock zerbrochen ist, der dich schlug! Denn aus der Wurzel der Schlange wird eine Otter hervorkommen, und ihre Frucht wird eine fliegende feurige Schlange sein.
> Jesaja 14:29

*Palästina* ist der antike Name der Gegend, in der die Philister einst innerhalb von Israel herrschten. Eine der theologischen Definitionen bezeichnet so „das allgemeine Gebiet an der Westküste von Kanaan, oder das ganze Land von Palästina". [6]

In der prophetischen Zukunft werden die beiden Führer von Assyrien und Babylon stark mit in Palästina lebenden Menschen verbunden sein. Aus diesem palästinensischen Konflikt wird sich eine „fliegende feurige Schlange" entwickeln. Nur an einer einzigen Stelle der Schrift wird das Symbol einer feuerroten Schlange gefunden: In Offenbarung 12. Dort sah Johannes: „Und siehe, ein großer, feuerroter Drache, der sieben Köpfe und zehn Hörner und auf seinen Köpfen sieben Diademe hatte." (Offenbarung 12:3) Dieser Drache ist Satan, und die sieben Köpfe sind die sieben Weltreiche der Prophetie; jedes von ihnen hatte einen starken dämonischen *fürstlichen* Geist, der versucht, die geistliche Atmosphäre und die regierenden Leiter dieser Weltreiche zu kontrollieren (Daniel 10:20).

Ich glaube, das Vorhaben der Palästinenser, einen palästinensischen Staat zu schaffen und die daraus entstehenden Konflikte werden viele der Kriege zwischen Israel und seinen muslimischen Nachbarn hervorbringen.

# 5

# Das 1x1 des Islams – was man wissen sollte

Dies hat einen bildlichen Sinn; denn diese Frauen bedeuten zwei
Bündnisse: Eines vom Berg Sinai, das in die Sklaverei hineingebiert,
das ist Hagar; denn Hagar ist der Berg Sinai in Arabien, entspricht aber
dem jetzigen Jerusalem, denn es ist mit seinen Kindern in Sklaverei.
Das Jerusalem droben aber ist frei, und das ist unsere Mutter.

Galater 4:24-26

Im Westen lebenden Menschen fehlt oft das Verständnis,
warum Millionen von Muslimen solch einen Hass auf das
jüdische Volk haben. Bis zum 11. September 2001 wussten
viele Amerikaner nichts über Muslime oder die islamische
Religion. Der Gründer des Islams, Mohammed, dessen Name
„der Gepriesene" bedeutet, wurde 570 n. Chr. geboren und
kam aus Arabien.

Mohammed behauptete, eine Reihe von Visionen und
Offenbarungen von Allah erhalten zu haben, auf welchen das
heilige islamische Buch, der Koran, basiert. Mohammed war aus
dem Stamm der Quraisch (Koreischiten). Diese beanspruchten
für sich die direkte Nachkommenschaft Abrahams durch
dessen Sohn Ismael. Mohammeds Vater Abdullah starb vor
der Geburt Mohammeds. Seine Mutter Amina starb, als
Mohammed sechs Jahre alt war. Er wurde von seinem Onkel
erzogen und reiste mit Karawanen durch Syrien und Arabien.
Mit fünfundzwanzig Jahren heiratete er eine wohlhabende
Witwe namens Khadija und hatte mit ihr sechs Kinder.

Mohammed lebte in der Nähe von Mekka, einer Siedlung in Arabien. Die Sippe hatte sich dort niedergelassen, wo sich die Nord/Südlichen und Ost/Westlichen Karawanenrouten trafen. Arabische Händler versorgten die Gegend mit Übernachtungsmöglichkeiten, Nahrung, Kamelställen und anderen Angeboten. Mekka verfügte über einen zweiundvierzig Meter tiefen Brunnen mit kristallklarem Wasser. Er wurde *Zam Zam* genannt, und man glaubte, er heile Krankheiten. Dieser Brunnen zog Menschen aus der näheren und weiteren Umgebung Mekkas an. Das andere Kennzeichen Mekkas war ein großer schwarzer Stein, der sich von allen anderen Steinen in der Gegend unterschied. Niemand wusste, wie er dort hingekommen war, und die Karawanen hatten Angst davor. (Wahrscheinlich war es ein Meteorit.) Die Einwohner Mekkas bauten einen großen, gemauerten Kubus über den Stein und nannten ihn die Kaaba (in Arabisch bedeutet dies „Würfel"). Auf dem Stein hatten die Einwohner Mekkas Statuen verschiedener Götter und Göttinnen platziert. Mohammeds Großvater war der Bewahrer der Schlüssel zur Kaaba.

Vor der Zeit Mohammeds war Mekka zu einer touristischen Attraktion für die Karawanen geworden. Jedes Jahr reisten Pilger nach Mekka, um von den besonderen Quellen zu trinken und den schwarzen Stein zu küssen, um Glück zu erlangen. Die Einwohner nahmen Geld von den Besuchern, die den Stein küssen wollten.

Seit dem fünften Jahrhundert waren die Stammesangehörigen der Quraisch die Bewacher der Kaaba und der vorherrschende Stamm in Mekka. Dieser Stamm traf die Anordnungen für alle Pilger, welche die Kaaba besuchen wollten, und die führenden Gruppenmitglieder sammelten Geld von den Pilgern ein. Zur Zeit Mohammeds standen 360 verschiedene Götter auf dem schwarzen Stein in der Kaaba. In dieser geistlichen Atmosphäre begann Mohammed im Alter von 40 Jahren zu beten und zu fasten.

Als Mohammed aufwuchs, verbrachte er Zeit auf den Bergen Arabiens, außerhalb der Stadt Mekka. Mit 40 Jahren behauptete er im Jahre 610, eine Stimme gehört zu haben, die zu ihm sprach, während er in einer Höhle oberhalb von Mekka betete. Voller Angst rannte er nach Hause, wo ihn seine Frau in eine Decke hüllte. Dann hörte er die Stimme noch einmal. Sie teilte ihm mit, er sei der erwählte Botschafter Gottes, um seinem Volk, den Arabern, die Botschaft über einen Gott zu bringen, der alle Dinge beherrschte. Angeblich hatte er die Stimme sagen hören: „Du, in deinem Umhang Gehüllter, steh auf und warne."

Dem Muslimischen Glauben entsprechend, empfing Mohammed eine Reihe von Visionen von einem Engel, von dem er behauptete, es sei Gabriel. Seine frühen Botschaften sprachen über Gottes Güte und Kraft, von der Notwendigkeit zu Gott zurückzukehren und vom letzten kommenden Gericht. Er verkündete, es gebe nur einen Gott und Sein Name (auf Arabisch) sei *Allah*. Es wurde gelehrt, dass Allah der gleiche Gott sei, der sowohl von Juden, als auch von Christen angebetet würde. Als Mohammed seine Botschaften unter den Arabern predigte, wurden jene, die seinen Lehren folgen wollten, als *Muslime* bekannt, und die Religion wurde *Islam* genannt, was „Unterordnung" bedeutet.

Während Mohammeds Zeit fand man in ganz Arabien viel Götzenanbetung. Unter den Christen gab es theologische Spaltungen und auch Juden und Christen standen gegeneinander. In der arabischen Stadt Mekka entwickelte sich ein Konflikt unter den Händlern an der Kaaba. Würden die Menschen an nur einen Gott glauben, würden die Pilgerreisen aufhören und mit ihnen die Einnahmen von Besuchern, die vor ihren auf dem Stein sitzenden Göttern beteten? Viele Araber nannten Mohammed einen Lügner, einen Betrüger und einen falschen Propheten. Schließlich wurden Mohammed und seine Nachfolger aus Mekka vertrieben. Sie zogen in eine neue Stadt, wo sie aufgenommen wurden. Mohammed nannte die Stadt *Madinat al Nabi,* was „Stadt des Propheten" bedeutet, und die heute als *Medina* in Saudi-Arabien bekannt ist.

Bald erhoben sich Kämpfe zwischen den Nachfolgern Mohammeds und den Menschen von Mekka. Muslimische Gruppen begannen, die Karawanen zu überfallen. Mohammed lehrte, stürben seine Nachfolger im Kampf, würden sie direkt ins Paradies gehen. Der achtjährige Krieg hörte schließlich auf, als das Volk in Mekka sich den Muslimen beugte. Mohammed erklärte Allah zum wahren Gott, beseitigte die Götzen und machte Mekka zum Zentrum der islamischen Religion. Die Pilgerreisen zur Kaaba blieben ein zentrales Merkmal seiner Lehren und sind heute eine der fünf Säulen des Islams, die von muslimischen Nachfolgern fordern, mindestens einmal vor ihrem Tod an der Kaaba zu beten. Dies wird die *hajj* genannt. Die islamische Religion begann, sich über Arabien auszubreiten, als immer mehr Araber der Religion beitraten.

Mit zweiundsechzig Jahren begann sich Mohammed über schwere Kopfschmerzen und Fieber zu beklagen. Einige seiner Anhänger glaubten, er sei von einer seiner Frauen, einer Jüdin, vergiftet worden. Er erholte sich nicht wieder, sprach einige Gebete und verstarb schließlich.

Während seiner Lebzeiten behaupteten die Anhänger Mohammeds, er sei ein Prophet. Er brachte Botschaften hervor, die seine Nachfolger als *Prophetien* bezeichneten.

Nach Mohammeds Tod wurden seine Aussagen in einem Buch, genannt Koran, gesammelt. Der Koran wird als heilige Offenbarung des Islams betrachtet, so wie die Bibel als Gottes heilige Offenbarung für Juden und Christen angesehen wird. Der Koran enthält 114 Suren oder Kapitel, beginnend mit der längsten Sure und endend mit der kürzesten. Die Suren waren die vermeintlichen Offenbarungen, die Mohammed während eines Zeitraums von zweiundzwanzig Jahren gegeben wurden. Da von Mohammed angenommen wird, er sei Analphabet gewesen, wurden die Offenbarungen von seinen Anhängern niedergeschrieben, als sie ihn diese rezitieren hörten. Die Worte schrieb man auf Laubblätter, Pergamentstücke und sogar trockene Knochen. Der Koran wurde nach Mohammeds Tod zusammengestellt und in arabischer Sprache verfasst.

Muslime glauben, Gott hätte den Menschen einhundert und vier heilige Bücher gegeben. Allerdings wurden davon einhundert an Adam, Seth, Enoch und Abraham ausgehändigt und sind verloren gegangen. Die vier übrigen Bücher sind die Bücher Mose (oder die Thora), die Psalmen von David, die Evangelien Christi und der Koran. Andere Bücher enthalten die *Hadith* (Überlieferungen), welche die Lehren Mohammeds sind. Diese wurden von seinen Nachfolgern, die ihn persönlich kannten, zusammengefasst. 1400 Jahre später verfügt der Islam über geschätzte 1,4 Milliarden Nachfolger und soll die schnellst wachsende Religion der Welt sein.

Obwohl die Muslime vorbringen, die Thora, die Psalmen und die vier Evangelien zu akzeptieren, behaupten sie auch, die Bibel sei *tahrif*, was meint „verdorben" oder „geändert" heißt. Muslime glauben, weil Jesus die Bibel nicht selbst geschrieben hat, sei sie nicht fehlerfrei. Viele Geschichten im Koran unterscheiden sich sehr von den Geschichten der Bibel.

Beispielsweise lehrt die Bibel, Abraham wohnte unter den *Bäumen von Mamre* und baute dort dem Herrn einen Altar (1. Mose 13:18). Der Koran lehrt, dass Abraham sagte: „Unser Herr, ich habe einen Teil meiner Sprösslinge in einem unfruchtbaren Tal wohnen lassen ohne Eigner eines Keims, nahe bei deinem Haus, dem untersagt Gewordenen (Kaaba), unser Herr, auf dass sie das Ritualgebet verrichten mögen" (Sure 14:37). Unterbreitet man einem Moslem den Widerspruch, dass Mamre in Hebron liegt und die Kaaba in Arabien, sagt dieser: „Der Koran ist unfehlbar: Die Juden und Christen haben die Bibel verändert, damit sie ihnen passt." Deshalb ist ein Zeugnis durch das einfache Zitieren der Bibel selten dazu geeignet, Muslime für Christus zu gewinnen. Nur Liebe und die Gegenwart des Heiligen Geistes kann ihre Herzen gewinnen.

Lass mich klarstellen: Dieses Buch ist nicht dazu gedacht, einen Streit über die Lehren des Islams und des Christentums vom Zaun zu brechen. Allerdings wird man nicht verstehen können, wie der Islam viele der biblischen Vorhersagen des achten Königreiches erfüllen wird, welches versucht, Israel und die Juden zu vernichten, solange man gewisse islamische Glaubensinhalte und Überlieferungen nicht begreift.

## Nach Mohammeds Tod: Zwei Zweige des Islams

Der Tod Mohammeds hinterließ eine Lücke in der Führerschaft der islamischen Religion. Er berief keinen Nachfolger; deshalb begann sofort der Kampf um die *Nachfolge des Propheten*. Die muslimischen Stammesältesten wählten Mohammeds zweiten Konvertiten und ältesten Mann in der Gruppe, Abu Bakr. Abus Titel war *Kalif*. Die meisten Muslime akzeptierten diese Entscheidung, aber eine kleine Minderheit tat dies nicht.

Die kleinere Gruppe glaubte, dass Ali, Mohammeds adoptierter Sohn und Vater von Mohammeds zwei Enkelsöhnen, Hassan und Hussein, Mohammed ersetzten sollte. Ein Kampf entstand, der zum Tod vieler der ersten islamischen Kalifen führte. So entwickelten sich zwei islamische Zweige – die *Sunniten* und die *Schiiten*. Die Sunniten nahmen Abu als Nachfolger an, und die Schiiten glaubten, Ali sei der Erbe Mohammeds.

Abu Bakr, der erste Kalif, brachte die arabischen Stämme unter islamische Herrschaft. Der zweite Kalif, Omar (634-644) weitete sie über einen Zeitraum von einhundert Jahren noch mehr aus. Unter Omar wurde die Moschee in Jerusalem auf dem Tempelberg errichtet. Während dieser einhundert Jahre, dehnten muslimische Armeen das Weltreich in den Irak, Iran und Teile von Zentralasien aus. Als Syrien unter islamische Kontrolle geriet, wurde Damaskus in Syrien der Hauptsitz der Umayyad Dynastie (661-750).

Der dritte Kalif, Othman, wurde ermordet, was einen Krieg zwischen den Sunniten und Schiiten entzündete, der sich mal mehr und mal weniger bis auf diesen Tag fortsetzt. Mit den Jahren keimten etliche verschiedene islamische Dynastien auf, und der Hauptsitz der Schiiten wurde schließlich Bagdad im Irak. Hussein, der Sohn Alis, wurde zusammen mit siebzig Nachfolgern in der irakischen Stadt Karbala ermordet.

Diese Aufteilung trennte nicht nur die Religion in zwei Bereiche, sondern führte auch zu Meinungsverschiedenheiten über den Hauptsitz des Islams. Während alle Muslime Mekka und Medina als heilige Plätze ansahen, beanspruchten die Sunniten Mekka als ihren Hauptsitz und die Schiiten verlegten ihren Hauptsitz von Damaskus nach Bagdad. Heute ist Teheran im Iran zur Machtzentrale des schiitischen Zweiges geworden; 93 Prozent der dortigen muslimischen Bevölkerung sind schiitische Muslime.

## Die Schiiten

Das Verlangen der Iraner, den Irak einzunehmen, gründet sich nicht nur auf die Notwendigkeit, Öl zu sichern oder die eigene Grenze näher an Israel zu rücken. Der zu Grunde liegende Gedanke könnte das im gegenwärtigen Irak erwartete Erscheinen des Mahdis sein. Für die schiitischen Muslime spielte der Irak eine wichtige Rolle und wird diese auch in Zukunft spielen.

Viele Jahre lang wurden die Länder Irak, Syrien und der Libanon vorwiegend von Anhängern der sunnitischen Muslime bewohnt. Die radikaleren schiitischen Muslime waren ansässig im Iran. Ein Plan der radikalen Muslime bestand darin, die Regierungen des Iraks, Libanons und Syriens zu stürzen und einen großen islamischen Halbmond unter der Kontrolle der Schiiten zu bilden. Schließlich wird der Irak dem radikalen Islam zufallen. Sobald radikale Islamisten den Irak kontrollieren, werden sie sich auch Syrien einverleiben! Der Libanon war einst eine arabisch-christliche Nation, aber als radikale Muslime das Land während des Bürgerkrieges von 1975 bis 1990 übernahmen, waren viele arabische Christen gezwungen, aus dem Land zu fliehen. Einigen wurde erlaubt, nach Israel zu gehen, andere mussten schwerer Verfolgung durch die Radikalen bis hin zum Tod ins Auge sehen. Im heutigen Libanon gewinnen zwei radikale schiitische Gruppen -- Hisbollah und Amal – an Boden und sind bestrebt, die Nation zu kontrollieren, die mehr aus schiitischen als aus sunnitischen Muslimen besteht.

Die schiitischen Muslime unterscheiden sich grundlegend von den sunnitischen Muslimen wie folgt:

1. Viele schiitische Muslime sind besonders in okkulte Tätigkeiten verwickelt. Sie lesen in Handflächen und Teeblättern. Viele Schiiten feiern Ashura, den Jahrestag des Mordes an Mohammeds Enkel Hussein vor 1300 Jahren, indem sie sich selbst schlagen, ihre Rücken mit Messern oder ihre Köpfe mit Nägeln aufschlitzen oder ihren Körper mit einem Schwert ritzen. [1]

2. Die schiitischen Muslime legen oft Bilder ihrer Imame aus, was die Sunniten normalerweise nicht tun. Man kann sich leicht eine Gruppe schiitischer Muslime zusammen mit einer Gruppe abtrünniger Christen vorstellen, die das Bild des Tieres anbeten, das durch die dämonische Kraft des falschen Propheten zum Leben erweckt wird (Offenbarung 13:11-15).

3. Schiiten haben ein starkes Verlangen, Jerusalem einzunehmen und Israel zu zerstören. Sie rufen beständig nach dem Dschihad, welcher ein heiliger Krieg gegen Israel und jede andere Gruppe oder Religion ist, die dem radikalen Islam entgegensteht.

Aus folgenden einfachen Gründen glaube ich, dass aus einem starken fanatischen Zweig des Islams ein Mann hervor kommen wird, welcher die Welt mit nuklearen, chemischen und biologischen Waffen in Geiselhaft nimmt. Es erscheint wahrscheinlich, dass er aus dem schiitischen Zweig des Islams kommt.

1. Der letzte Diktator der Welt wird entsprechend Daniel „mit wenigen Menschen stark werden" (Daniel 11:23). Die Schiiten bestehen nur aus ungefähr 15 Prozent der muslimischen Bevölkerung. [2]

2. Daniel zeigt ebenso, dass der Antichrist „groß ...
gegen den Osten" (Daniel 8:9) sein wird. Östlich
von Jerusalem/Israel liegen die Länder Irak, Iran,
Afghanistan und Pakistan zusammen mit den südlichen
russischen Staaten. Diese Territorien sind Festungen
für die radikaleren Muslime. Geschätzte 93 Prozent der
Muslime im Iran sind schiitische Muslime. [3]

3. Während viele sunnitische Muslime jüdische
Freunde haben und auch mit westlichen Christen
keine Probleme haben, tendieren die mittelöstlichen
schiitischen Muslime öffentlich zum Antisemitismus
und betrachten Amerika als „den großen Satan".
(Es muss jedoch darauf hingewiesen werden, dass viele
Mitglieder von al-Qaida sunnitische Muslime sind.)

Ich habe sunnitische Muslime in Israel und Amerika sagen
hören, die Handlungen und das Denken radikaler Islamisten
seien nicht wirklich repräsentativ für islamische Lehren
sondern Verdrehungen der Überlieferungen. Eine Sunnitin in
Israel sagte: „Ich hasse die Schiiten. Sie lassen jeden schlecht
aussehen."

Heute ist der Faden, der den Stoff des Islams zusammenhält,
der Glaube, dass Israel und Jerusalem wieder unter totaler
Kontrolle der Muslime stehen werde - mit der endgültigen
Vertreibung der Juden und Christen aus dem Heiligen Land.

# 6

# Islam und die letzten Tage

Kämpft gegen diejenigen, die nicht an Allah und den jüngsten Tag glauben und nicht verbieten, was Allah und sein Gesandter verboten haben und nicht der wahren Religion angehören – von denen, die die Schrift erhalten haben – (kämpft gegen sie), bis sie kleinlaut aus der Hand Tribut entrichten! Sure 9:29

Und wenn das Verdikt über sie ergeht, lassen wir ihnen ein Tier aus der Erde hervorkommen, das zu ihnen spricht, dass die Menschen von unseren Zeichen nicht überzeugt waren. Sure 27:82

Für viele ist es überraschend zu erkennen, welch starke Überlieferungen Muslime bezüglich der letzten Tage haben. Ihre Erwartung über das Zukünftige ähnelt sehr den biblischen Vorhersagen über ein letztes Weltreich, das durch einen kriegerischen Heerführer regiert wird. In Israel habe ich sowohl ehemalige als auch praktizierende Muslime getroffen, um ihre Glaubensinhalte bezüglich der letzten Tage zu sammeln. Im Koran werden die letzten Tage durch verschiedene Begriffe beschrieben:

- Tag der Erhebung
- Tag der Trennung
- Tag der Abrechnung
- Tag des Erwachens und der Aussendung
- Der letzte Tag
- Der umfassende Tag
- Die Stunde

Viele Muslime lehren, den letzten Tagen würden drei Trompetenstöße vorangehen. Beim ersten Stoß werden alle Geschöpfe im Himmel und auf der Erde vom Schrecken getroffen. Beim zweiten Stoß werden alle Geschöpfe des Himmels und der Erde sterben. Beim letzten Stoß, vierzig Jahre nach den ersten zwei Stößen, werden alle zum Gericht auferstehen. Die Dauer des Gerichtes wird eintausend Jahre sein (manche islamische Gelehrte sagen, es wird 50.000 Jahre dauern.)

## Der letzte islamische Prophet – der Mahdi

Vor Jahren erstaunte mich die Entdeckung, dass Muslime glauben, sie würden eines Tages die ganze Welt regieren, und jeder werde zu ihrer Religion wechseln. Genauso verwirrte mich die Erkenntnis über die tatsächlichen Gefühle der meisten Muslime den Juden und dem Staat Israel gegenüber, besonders die starken Gefühle unter Muslimen im Mittleren Osten.

Der Riss zwischen den zwei Bereichen des Islams – Sunniten und Schiiten – wurde schließlich so groß, dass elf der zwölf einstigen islamischen Leiter des schiitischen Zweiges von ihren Gegnern vergiftet oder getötet wurden. Dem schiitischen Glauben entsprechend wird dieser zwölfte Führer am Ende der Tage von Bedeutung sein.

Viele Schiiten im Iran glauben an die *zwölfer-schiitische Lehre.* Der zwölfte Imam war der Sohn des elften Imams. Mit zwölf Jahren verschwand dieser Junge – welcher dazu ausersehen war, Imam des schiitischen Zweiges zu sein – von der Straße weg in seiner Stadt und man hörte nie mehr etwas von ihm.

Da die Grabstätten der anderen elf bekannt sind und das Grab des zwölften niemals entdeckt wurde, sagt die Überlieferung, dass der zwölfte Kalif die letzten 1200 Jahre übernatürlich von

Gott beschützt wurde. Die meisten sagen, er halte sich in einer Wüste in Arabien auf. Noch andere glauben, er sei im Irak. Seit dem Verschwinden des 12. Imams im Jahre 878 nach Christus erwartet die schiitische Sekte, dass dieser zwölfte Iman am Ende der Tage wieder erscheine und zum letzten Vereiniger des Islams würde. Dieser *Mahdi* genannte Mann wird gemäß der islamischen Überlieferung ein Militärexperte sein, der die Welt unter die Kontrolle der islamischen Gesetze und Gerichte bringt.

## Das rätselhafte Kommen des Imam Al-Mahdi

Das Wort *Mahdi* wird mit „der Geführte" übersetzt. Die Schiiten glauben, der Mahdi würde unmittelbar von Gott geführt werden und durch diesen göttlichen Schutz in allem, was er tut, frei von allen Fehlern und Sünden sein. Er werde den Islam allen Menschen vorstellen und die letzte islamische Revolution anführen, welche die Welt zum islamischen Glauben konvertieren würde. Die Schiiten glauben, der Mahdi würde sowohl ein politischer als auch ein militärischer Führer und großer Eroberer sein.

Es gibt zahlreiche Überlieferungen bezüglich dieser mysteriösen Person. Das heilige Buch des Islams, der Koran, sagt wenig über diese Person aus. Die meisten Überlieferungen über den Mahdi entwickelten sich im achten Jahrhundert oder später. Obwohl der sunnitische wie auch der schiitische Zweig eine Lehre über den Mahdi aufweisen, haben die Schiiten die festere Lehre und glauben, er würde zum Ende der Welt erscheinen. Im Folgenden sind die Lehren der islamischen Überlieferung in Bezug auf den Mahdi und dem Ende der Tage aufgelistet:

- Sein Name wird Mohammed sein, und er wird seiner Abstammungslinie folgen, als ein direkter Nachkomme von Fatima, der Tochter Mohammeds.

- Der Name seines Vaters und von Mohammeds Vater wird der gleiche sein.

- Er wird die Bestimmung Mohammeds haben.

- Er wird eine Vorderglatze und eine große hakenartige Nase haben.

- Er wird ein ausgeprägtes Muttermal (das „Zeichen eines Propheten") und eine V-förmige Zahnlücke zwischen seinen Schneidezähnen haben.

- Er wird genau vor dem Ende der Welt erscheinen, während einer Zeit großer Schwierigkeiten.

- Er wird die Welt zum islamischen Glauben führen.

Die meisten Muslime glauben, der Mahdi wird sich aus dem Osten erheben. Andere Überlieferungen erklären, dieser Mann würde die Muslime in einem einzigen vereinigten Königreich verbinden. Falls sich Menschen seinen Lehren und Anweisungen nicht beugten, würde er sie zur Unterordnung *zwingen*, bis sie zu Allah umkehrten. Natürlich wird jeden Widerständler ein schneller Tod durch das islamische Schwert ereilen. Für bestimmte Verbrechen werden in vielen islamischen Nationen noch immer Menschen geköpft. Vor einigen Jahren war ein ehemaliger CIA-Agent, der Mitglied der Gemeinde meines Vaters war, in Saudi Arabien. Er berichtete, dass eine Gruppe von Männern im Sand begraben wurde, so dass nur ihre Köpfe herausragten. Dann trennte ein Bulldozer mit messerscharfer Schneide die Köpfe der vermeintlichen Straftäter von ihren Körpern und bedeckte sie mit Sand. [1]

## Weitere Überlieferungen

Andere islamische Überlieferungen erklären uns die Erwartung der Muslime über den kommenden Mahdi noch mehr:

- Die syrische Armee wird ihn angreifen, wird aber in der Wüste vernichtet. Dann werden sich Iran und Syrien vereinen, um ihm ihre Treue zu geloben.

- Er wird die Türkei mit Gewalt einnehmen.

- Nach der Vereinigung des gesamten Islams wird er die ganze Welt im Namen des Islams einnehmen. Mohammed sagte die Eroberung Spaniens voraus, und manche glauben, dies würde unter dem Mahdi geschehen.

- Unter der Führerschaft des Mahdi wird großer Wohlstand herrschen, einschließlich Gold und Silber für seine treuen Nachfolger.

- Nachdem dies alles geschehen ist, wird der Mahdi für fünf, sieben oder neun Jahre regieren (je nach Überlieferung). Dann wird das Ende der Welt kommen, gefolgt vom Gericht Allahs.

Studiert man die Erwartungen der Muslime, entdeckt man erstaunliche Verbindungen zwischen ihren Überlieferungen über den Mahdi und den Weissagungen biblischer Propheten. Beispielsweise habe ich islamische Überlieferungen über den Mahdi mit biblischen Hinweisen bezüglich des Antichristen – den letzten weltweiten Diktator – verglichen. Einige Muslime würden solch einen Vergleich nicht schätzen, aber andere Muslime, denen ich diesen Vergleich unterbreitet habe, waren durch diese Parallelen zwischen dem 1.200 Jahre alten islamischen Glauben und den alten Prophetien der Bibel über den letzten Weltdiktator fast geschockt.

| Muslimischer Glaube | Bibelprophetie |
|---|---|
| Der Mahdi wird die muslimische Welt vereinen | Der Antichrist wird zehn Könige unterwerfen. (Offenbarung 17:12) |
| Der Mahdi wird seinen Nachfolgern Gold und Silber bringen | Der Prophet Daniel sagte voraus, dass der kommende Antichrist „den Gott der Festungen ehren wird … den seine Väter nicht gekannt haben, wird er mit Gold und Silber … ehren. (Daniel 11:38) |
| Der Mahdi wird gemäß einiger Überlieferungen 7 Jahre regieren | Der Antichrist wird zu Beginn der 7-jährigen Trübsalszeit seine Position einnehmen. |
| Nach dem islamischen Glauben wird der Mahdi die Türkei einnehmen | Daniel erklärt, der „König des Nordens" würde gegen ihn anstürmen mit Wagen und mit Reitern und mit vielen Schiffen (Daniel 11:40). Der „König des Nordens" wird während der Trübsal die Türkei sein. Die Türkei wird im Kampf mit dem Antichristen stehen. |
| Syrien und der Irak werden sich dem Mahdi unterwerfen | Ich glaube, es ist biblisch offensichtlich, dass der Antichrist aus dem Bereich von Syrien und Irak kommen wird, welches das Gebiet des antiken Babylons ist. |
| Die meisten Muslime glauben, der Mahdi wird im *Osten* erscheinen | Daniel erklärt der kommende Antichrist „wurde übermäßig groß … gegen Osten". (Daniel 8:9) |
| Muslime glauben, dass nach dem Erscheinen des Mahdi, Jesus wieder kommen und in Jerusalem einmarschieren wird, diesem Islamischen Führer folgend. Jesus wird dann verkünden, er sei ein Moslem und nicht der Sohn Gottes und wird die Menschen zum Islam führen. Dann wird der Mahdi die *Schweine* (Juden) töten und das *Kreuz* beseitigen (was auf die Tötung der Christen hinweist) | Die Bibel zeigt wie ein falscher Prophet aufstehen und dem Antichristen folgen wird. Er wird Jerusalem gefangen nehmen und beide, der Antichrist und der falsche Prophet, werden eine große religiöse Gefolgschaft bilden. (Offenbarung 13:11-15) |

## Das Zeichen des Krieges

Im islamisch apokalyptischen Glauben wird Krieg vorhergesagt und erwartet. Es wird ein Krieg zwischen den Ost- und Westmächten angekündigt. Auch zwei europäische Länder werden attackiert. Einige Muslime sagen, Osama bin Laden habe mit dem Angriff auf Amerika am 11. September 2001 den Beginn des Krieges zwischen Ost und West eingeleitet. Seitdem wurden sowohl Spanien als auch Großbritannien von Terroristen angegriffen, was manche als den Beginn der Anschläge auf die zwei europäischen Länder deuten. Scheich Nazim Adil Al-Haqqani, weltweiter Führer nach der Ordnung der Naqshbadhia, sagte folgendes über den kommenden Mahdi:

**Als Gläubige an die Überlieferungen glauben wir an einen Erretter, der vor Jesus Christus kommen wird. In unseren Überlieferungen steht sein Name: Mohammed d'ul Mahdi. Er wird kommen, aber seine Ankunft wird nach einem großen Krieg geschehen. Es wird der Kampf zwischen den Großmächten sein. Und während dieses Krieges wird der Erretter wie eine göttliche Hand vom Himmel auf die Erde kommen und den Krieg beenden.** [2]

Eines der wichtigen Zeichen wird die Aufstellung einer islamischen Armee für die Ankunft des Mahdi sein. Im Irak wurde die al-Qaida-Armee durch die Mahdi-Armee ersetzt; diese wird vom Pentagon bezeichnet als „der für die Länder gefährlichste Brandbeschleuniger, von potenziell autarker und sektiererischer Gewalt." [3]

Vor dem letzten Irak-Krieg aß ich mit einem Freund zu Mittag, der als Offizier beim Militär der Vereinigten Staaten dient. Damals erwähnte er einen Geistlichen im Irak mit einem Priesterseminar von über 500 Studenten, die bei einer bewaffneten Miliz dienten. Ihr Anführer, ein religiöser Kleriker mit schwarzem Turban heißt Muqtada Al-Sadr, ist ein schiitischer Moslem mit engen Verbindungen zum Iran. Ebenso ist er ein guter Freund des Leiters der Hisbollah im Libanon. Seit Beginn des letzten Krieges wuchs Al-Sadrs Armee von 500 auf mehr als 60.000 radikale Milizangehörige.

Warum würde dieser Kleriker eine Mahdi-Armee bilden? Die schiitischen Muslime glauben, der Mahdi würde im Irak erscheinen. Al-Sadr bereitet nur die Sinne und Herzen seiner Nachfolger auf die Ankunft dieses Mannes vor, und er rüstet die Armee aus, die nach Jerusalem marschieren soll, um die Stadt von den Juden und Christen zu befreien.

Seine eigene Ermordung fürchtend, ist Al-Sadr oftmals vom Irak in den Iran und zurück geflohen. Er glaubt, die Zeit wird kommen, wenn der Iran in den Irak einmarschiert und mindestens den südlichen Teil des Iraks übernehmen wird, einschließlich die Hälfte Bagdads, wo er und seine Miliz warten werden, um sich der iranischen Armee anzuschließen.

Als Erkennungszeichen trägt Al-Sadr einen großen schwarzen Turban. Obwohl schwarze Turbane beim schiitischen Zweig der Muslime, die im Iran oder Teilen Iraks leben, nicht ungewöhnlich sind, wird eine Bemerkung aus der muslimischen Erzählung die Macht eines schwarzen Turbans erklären: „Über die Autorität des Thawbaan sagt der Botschafter Allahs: „Wenn du die Schwarzen Banner aus Khurasan kommen siehst, geh sofort zu ihnen, selbst wenn du über Eis krabbeln musst, denn unter ihnen ist gewiss der Kalif, Al Mahdi." [4] Ebenfalls wird berichtet, dass der Botschafter Allahs, Mohammed sagte: „Die schwarzen Banner werden aus dem Osten kommen, und ihre Köpfe werden so hart wie Eisen sein." [5]

Die iranischen Schiiten glauben, sie seien die Erfüllung dieser Vorhersage. Weil sie östlich von Palästina leben, glauben viele Schiiten, sie seien das Volk mit diesen schwarzen Turbanen.

## Der Angriff auf Mekka – 1979

Am 20. November 1979 feierten etwa 50.000 Muslime das islamische Neujahr des islamischen Jahres 1400. Als sich die Menge zum Morgengebet versammelte, fielen eine Gruppe von etwa 200 bewaffneten Männern und ihre Mitläufer plötzlich in die Al-Haram-Moschee ein, welche die Kaaba umgibt, den großen schwarzen Stein, an dem heiligsten Platz des Islams. Sie forderten, einer ihrer heiligsten Männer, Mohammed Abdullah al-Utaibah, solle zum Mahdi erklärt werden. Als der Hauptimam ihre Forderung ablehnte und sie als Ketzer verurteilte, brach plötzlich ein Kampf aus, in den 50.000 Anbeter verwickelt wurden. [6]

Es wurde Befehl gegeben, die Moschee zu schließen und die Tore zu verriegeln. Scharfschützen stürmten auf die sieben Minarette (Gebetstürme). Der Kampf dauerte fast zwei Wochen, weil islamische Gesetze die Beschädigung dieser Moschee verbieten. Ebenso durften die Geiseln nicht verletzt werden, und die saudische Regierung wollte sie lebend herausholen.

Die Ketzer glaubten, die Zeit wäre gekommen, den Islam von den Einflüssen zu reinigen, die ihn sonst zerstören würden. Sie verlangten einen Bann über Fußball, Fernsehen und höhere Bildung zu legen. Nachdem der Übergriff beendet war, wurden 63 Rebellen enthauptet, einschließlich ihres Anführers, Juhayman Al-Utaybi. [7]

Zur selben Zeit begann eine Gruppe von Schiiten in den östlichen Teilen des Landes zu rebellieren. Diese waren Nachfolger von Ayatollah Khomeini, dem neuen Führer des Irans. Der Aufstand endete mit dem Tod von fünfzehn Menschen.

Ein im Exil lebender Iraner namens Ayatollah Khomeini nutzte die Feierlichkeiten zum 1.400-jährigen Jubiläum des Islams für die Rückkehr in sein Land, stürzte den gemäßigten iranischen Schah (ein Freund des Westens), gewann die Kontrolle über das Land und führte eine sehr radikale Form des Islams ein. Die Amerikaner waren geschockt und erstaunt, dass die Botschaft der USA 444 Tage lang besetzt und ihre Mitarbeiter als Geiseln gefangen gehalten wurden. Während seines Exils schmuggelte Ayatollah Khomeini Tausende von Botschaften auf Kassetten zu seinen Anhängern in den Iran. Diese Botschaften bereiteten die Menschen im Iran vor, diesen radikalen Führer bei seiner Rückkehr als Regent anzunehmen.

Die Wahl des Zeitpunktes der Rückkehr von Ayatollah Khomeini am Jahrestag der Gründung des Islams war verdächtig. Es gab hohe Erwartungen unter vielen Muslimen, dass der Mahdi aus dem Iran oder einer benachbarten Nation hervorkommen würde. Einige glauben, Khomeini plante seine Rückkehr am 1400. Geburtstag der Gründung des Islams in der Hoffnung, dass die Menschen im Iran ihn zum letzten Propheten und Erwarteten küren würden.

Im Jahr 1991, kurz vor dem Golfkrieg, kontaktierte Jassir Arafat den irakischen Präsidenten Saddam Hussein und gratulierte ihm dazu, einen Krieg mit den Vereinigten Staaten zu führen. Dann sprach er über die herrliche Zeit, wenn er, Arafat, die palästinensische Flagge über Jerusalem schwenken würde, der Hauptstadt des neuen palästinensischen Staates, und Saddam würde auf seinem weißen Hengst über den Ölberg nach Jerusalem zum Tempelberg reiten! Viele islamische Führer besitzen einen weißen Hengst oder ein weißes Pferd für den Fall, Allah würde einen von ihnen zum Mahdi erwählen.

## Eine Religion des Friedens?

Der erste Mord in der Bibel geschah im *Namen der Religion*, als Kain seinen Bruder Abel erschlug. Beide Männer brachten dem Herrn ein Opfer, aber der Herr bevorzugte das Opfer Abels. In einer eifersüchtigen Wut ermordete Kain seinen Bruder (1. Mose 4:5-8). Seit dieser Zeit haben Menschen einander „im Namen Gottes" getötet.

Jesus warnte vor einer Zeit, zu der viele aus Seinem Volk als Märtyrer sterben würden, und die Mörder sogar glauben würden, Gott damit einen Gefallen zu tun.

**Sie werden euch aus der Synagoge ausschließen; es kommt sogar die Stunde, dass jeder, der euch tötet, meinen wird, Gott einen Dienst zu tun.** Johannes 16:2

Während der letzten 2.000 Jahre wurde die Welt mit dem Blut unschuldiger Menschen getränkt, und viele Menschen wurden Opfer religiöser Konflikte. Von der Zeit des Römischen Weltreichs, der römischen Kirche und der Inquisition bis zum islamischen Ruf zum Dschihad starben immer wieder Menschen im Namen der Religion.

Einige Politiker und amerikanische Muslime haben betont, der Islam sei „eine friedliche Religion". Persönlich habe ich Muslime in Israel und Jordanien getroffen – sowohl Wüstenbewohner als auch säkulare, die in Frieden leben wollen. Die frühe Geschichte der Religion ist trotzdem die eines

Kampfes, der Eroberung und des Krieges. Während die meisten Muslime nicht nach einem wirklichen Kampf Ausschau halten, glauben hingegebene und praktizierende radikale Islamisten, dass die Welt zum Islam konvertiert werden muss, genauso wie wahre Christen sich die weltweite Verbreitung des Evangeliums wünschen.

Einer der islamischen Grundsätze ist der Dschihad oder der Heilige Krieg. Nur wenige Amerikaner kannten die Bezeichnung *Dschihad* schon vor dem Angriff auf Amerika am 11. September 2001. Aber selbst danach erklärten weltliche Nachrichtensprecher aus Angst vor einer antiislamischen Gegenreaktion noch, der Islam sei eine friedliche Religion. Allerdings kannten sich nur wenige Kommentatoren mit den islamischen Schriften aus, welche Krieg und den Tod der Ungläubigen erlauben.

Weil es im Islam zwei verschiedene Zweige mit unterschiedlicher Endzeittheologie gibt, entsteht ein militärischer Konflikt zwischen den Sunniten und den Schiiten über die Frage, in welcher Region des Iraks der zukünftige Mahdi erscheinen wird. Die beiden strittigen Orte sind die Städte Samarra, ein heiliger Ort für die schiitischen Muslime und Karbala, eine heilige Stätte für die sunnitischen Muslime.

Die große Moschee von Samarra, einer der heiligsten Orte der schiitischen Moslems, wurde im 9. Jahrhundert erbaut. Samarra enthält auch die Schreine, in denen der 10. und der 11. Kalif, Ali Al-Hadi und Hassan Al-Askari, beigesetzt wurden. Es geschah an einem Brunnen in Samarra, wo der 12. Imam, Muhammed Al-Mahdi, der Sohn des 11. Imams, verschwand. Einige behaupten, der Junge wurde in dem Brunnen verborgen und wird wieder aus dem Brunnen erscheinen, um am Ende der Tage ein neues islamisches Kalifat auszurufen. [8]

Der apokalyptische Streit zwischen diesen zwei Orten wurde am 22. Februar 2006 offensichtlich, als Bomben in der schiitischen Goldenen Moschee gezündet wurden, welche an die Moschee des 11. Imam in Samarra grenzt. Amerikaner können nicht verstehen, warum Muslime eine ihrer eigenen Moscheen zerstören. Allerdings war es eine Gruppe als Polizeibeamte verkleideter sunnitischer Muslime, welche die berühmte schiitische Moschee in die Luft sprengten. Es war ein Versuch der gegnerischen Gruppe, jene Moschee zu zerstören, wo der letzte (zwölfte) Imam angeblich erscheinen wird. Die Bombenexplosion verdeutlichte die Unterschiede im apokalyptischen Glauben zweier gegnerischer Gruppen innerhalb der islamischen Religion. Monate später rächten sich die Schiiten an den Sunniten, indem sie eine wichtige Moschee in Karbala bombardierten, von der wiederum die Sunniten glauben, dies wäre der Ort des Erscheinens des Mahdis.

Sunniten und Schiiten haben umfassende Endzeit-Glaubenslehren, von denen viele übereinstimmen, andere sich aber sehr unterscheiden. Der Krieg um den Irak war mehr als „sektiererische Gewalt" und mehr als ein Kampf zur Vertreibung westlicher Mächte aus dem Lande Allahs. Es war die Wiedergeburt eines alten religiösen Konfliktes, der bis auf die erste Zeit des Islams zurückgeht. Die meisten informierten Muslime glauben mit derselben Leidenschaft an prophetische Ereignisse wie Juden an die Schriften glauben und Christen an Christi Rückkehr. Es ist interessant zu verstehen, wie diese Glaubensvorstellungen kreuz und quer verlaufen und eine Endzeit-Theologie unter Einbeziehung der weltweit 1,4 Milliarden Muslime formen.

# 7

# Eine Halbmond-Revolution erhebt sich im Nahen Osten

Die drei monotheistischen Hauptreligionen benutzen Symbole, um ihren Glauben zu repräsentieren. Christen haben das Kreuz, Juden den Davidstern und Muslime den Halbmond.

Der Halbmond und das Sternensymbol bestanden tatsächlich schon einige Tausend Jahre vor dem Islam. Der Halbmond wurde erst während der Zeit des Osmanischen Weltreiches zum islamischen Symbol, nachdem die Türken 1453 Konstantinopel bezwungen hatten. Es war aber schon weit vor Christi Geburt das Kennzeichen dieser Stadt gewesen, die früher Byzanz genannt wurde. Gemäß der Legende träumte Osman, der Gründer des Osmanisch-Türkischen Weltreiches, dass sich der Halbmond einst von einem Ende der Welt bis ans andere ausstrecken würde. Daher behielt er den Halbmond als Wahrzeichen seiner Dynastie. [1]

Ein Halbmond-Symbol, gewöhnlich aus Metall gefertigt, wird weltweit hoch oben auf Moscheen und Minaretten (Gebetstürme) angebracht. Das Emblem eines Halbmondes ist ebenso auf Flaggen zahlreicher muslimischer Länder zu finden, einschließlich der Türkei. Allerdings ist es bei dem berühmten Felsendom, dem auf dem Tempelberg in Jerusalem erbauten muslimischen Heiligtum anders: Das auf dem Dach angebrachte Symbol ist hier kein unvollständiger Halbmond wie bei den anderen Moscheen und Minaretten, sondern ein voller Kreis oder Vollmond.

Man hat ihn so angebracht, dass man beim Hindurchblicken direkt nach Mekka in Saudi-Arabien sehen kann. Ein in Jerusalem lebender israelischer Freund zeigte mir dies. Er berichtete, ein Palästinenser habe ihm erklärt, der Vollmond sei ein Bild für Vollständigkeit – ein ganzer Kreis würde in Jerusalem beginnen und enden. Laut Bibel beginnen alle prophetischen Ereignisse bezüglich der Rückkehr des Messias in Jerusalem und werden hier ihren Höhepunkt haben. Nach dem islamischen Glauben wird sich der islamische Halbmond letztendlich zu einem vollen Kreis schließen, bevor es zur Schlacht in Jerusalem kommt, an dem drittheiligsten islamischen Ort, wo die zwei islamischen Moscheen von Christen und Juden umgeben sind.

Der Prophet Joel spricht von einem Tag, wenn sich der Mond in Blut verwandelt (Joel 2:31), eine gewöhnliche rabbinische Metapher für Mondfinsternisse, wenn der Mond eine rötlich-orange Färbung annimmt.[2] In der Bibel kann Blut bedeuten:

- Das buchstäbliche Blut eines Opfers – 2. Mose 12.7

- Das menschliche Blut, was vergossen wird – Matthäus 27:4

- Eine Metapher für Krieg und Kampf – Hesekiel 38:22

Ereignisse im Nahen Osten – die islamische Revolution und viele Aufstände in den arabischen Ländern des Nahen Ostens – treffen derzeit die Welt plötzlich und unerwartet. Heutige Geschehnisse prallen mit zunehmender Geschwindigkeit auf prophetische Vorwarnungen. Das Ergebnis solcher Zusammenstöße von prophetischen Vorwarnungen und Weltereignissen ist normalerweise ein prophetisches *Sprungbrett* oder ein großer prophetischer *Meilenstein*. Ich definiere ein *Sprungbrett* als ein Ereignis oder eine Reihe von Ereignissen, die keine direkte Erfüllung einer Prophetie sind, schließlich aber zu einer prophetischen Erfüllung führen. Hingegen ist es ein *Meilenstein*, wenn die Geburtsschmerzen der Weltgeschehnisse schließlich die Geburt oder die Erfüllung der biblischen Prophetie signalisieren.

Ein Beispiel für eine derartige Kollision kann man in den Ereignissen erkennen, die zum Zweiten Weltkrieg führten. Die Vision über das Tal der Totengebeine im Buch Hesekiel (Kapitel 37) beschreibt die prophetische Symbolik eines Friedhofes mit menschlichen Knochen – welcher äußerlich als *Meilenstein* sichtbar wurde durch das Erscheinungsbild jener, welche die Schrecken des Holocaust überlebt haben. Der Holocaust war ein tragisches Ereignis, und das Blut leidender Juden pflasterte eine Straße nach Palästina und führte zur Neugründung der Nation Israel.

Folgt man Hesekiels prophetischer Vision in Kapitel 37, in der Gott Israel aus dem Grab erhob, dann stellt der Allmächtige Israel als Nation wieder her und verhilft den Menschen in Israel, sicher in Dörfern zu wohnen, die nicht mit Mauern umgeben sind (Hesekiel 38:8-11). Wie wir wissen, geschah 1948 die prophetische Erfüllung mit der Wiederherstellung der israelischen Nation. Am Zusammenstoß von Prophetie und Weltereignissen erkennt man, wie der Holocaust das Sprungbrett war und zum Meilenstein der Neugründung Israels als Nation führte.

## Der Aufstand im Nahen Osten

Ich glaube, mit dem Aufstand im Nahen Osten sehen wir den frühen Anfang der Entstehung des Königreiches des Tieres. Die Aufstände verwickeln nicht nur die Nationen der biblischen Prophetie, sondern sie finden auch, wie prophezeit, in jenen Regionen der Welt statt, wo der Antichrist sein letztes Reich aufrichten wird.

Der erste Anstoß zur Widerstandsbewegung war die Tunesische Revolution, die am 17. Dezember 2010 anfing, als der 26-jährige Tunesier Mohamed Bouazizi sich selbst aus Protest gegen seine Behandlung durch örtliche Autoritäten anzündete. Seine tragischen Umstände lösten Proteste aus, die sich zu Aufständen entwickelten und dann schnell auf das ganze islamische Tunesien übergriffen. Diese Ereignisse führten zum Sturz des langjährigen Präsidenten des Landes, Zine el-Abidine Ben Ali.[3]

Vom Erfolg der Tunesier inspiriert, begannen sich zivile Demonstranten mit Hilfe moderner soziale Medien – insbesondere Facebook und Twitter – im ägyptischen Kairo und Alexandria zu organisieren. Sie forderten die Abdankung des ägyptischen Präsidenten Hosni Mubarak. Jeden Tag konnte man das Anwachsen der Proteste beobachten, mitverfolgen wie die Mengen größer wurden und der Druck auf Mubarak zur Abdankung stieg. Basierend auf Schlüsselprophetien im Buch von Daniel, wusste ich, dass Ägypten schließlich in die Hände des Antichristen fallen würde. Trotzdem hätte ich niemals erwartet zu erleben, wie dieses moderate islamische Land in dieser Art und so schnell die Regierung wechselt! Nur achtzehn Tage vergingen vom Beginn der Proteste, bis Hosni Mubarak als Präsident zurücktrat, während die Demonstranten auf dem überfüllten Tahir-Platz schrien: „Ägypten ist frei! Ägypten ist frei!"[4]

Nach der Verkündigung des Rücktritts von Präsident Mubarak begann ich, meinen Zuhörern bei regionalen Treffen anzukündigen: sollten wir uns tatsächlich in der Endzeit befinden, wird die nächste Nation mit einer großen Revolution, die zum Sturz ihren Präsidenten führt, das Land Libyen sein. Am 15. Februar, nur ein paar Tage nach dem Rücktritt Mubaraks, begannen Rebellen in Bengasi sich gegen die blutige Diktatur von Oberst Muammar Gaddafi aufzulehnen. Gaddafi gelobte als „Märtyrer" in Libyen zu sterben, weigerte sich abzudanken und sagte, er würde die Revolte zerschlagen. [5] Während ich dieses Kapitel schreibe, ist Gaddafi noch an der Macht, aber viele Leiter seines Regimes und seiner libyschen Armee haben sich abgesetzt und das Land verlassen oder den rebellischen Kräften angeschlossen. Andere Länder sind mit hineingezogen worden, einschließlich der Vereinigten Staaten und der Vereinten Nationen. Gaddafi hat geschworen, eine Welle von Vergeltungsangriffen zu entfesseln, würde er von seiner Präsidentschaft enthoben. [6]

Sobald der Konflikt anfing, bekam ich E-Mails mit Fragen, woher ich wisse, dass dieses geschehen würde, und wo dies in der Bibel zu finden sei. Bevor ich die erstaunliche Vorhersage mitteile, lasst mich einige wichtige Dinge hinsichtlich der Überschneidung von Prophetie und laufenden Ereignissen im Nahen Osten herausstellen. Falls der Antichrist mit zehn Königen regieren wird, werden diese alle „wie Könige für eine Stunde Macht empfangen zusammen mit dem Tier" (Offenbarung 17:12). So werden alle zehn Könige ihre eigene Nation haben und der Antichrist ist einfach der Führer dieser Zehn-Länder-Konföderation.

Aber Daniel sah außer diesen zehn Königen, die er als zehn Hörner des letzten Königreiches des Tieres bezeichnete, auch wie sich ein kleines Horn (der Antichrist) unter den zehn erhob und drei der zehn Hörner (Könige) ausriss (siehe Daniel 7). Gemäß Daniel und den ersten Kirchenvätern sind die drei vom Antichristen ausgerissenen Nationen (Hörner) die Länder Ägypten, Libyen und Äthiopien. Daniel offenbart dies in Daniel 11:

**Und er wird in das Land der Zierde eindringen, wobei vieles stürzen wird. Diese aber werden seiner Hand entrinnen: Edom und Moab und die Besten der Söhne Ammon. Und er wird seine Hand an die Länder legen, und für das Land Ägypten wird es kein Entrinnen geben. Und er wird die Schätze an Gold und Silber und alle Kostbarkeiten Ägyptens in seine Gewalt bringen, und Libyer und Kuschiter werden in seinem Gefolge sein.** Daniel 11:41-43

Die Ansicht, diese drei Nationen – Ägypten, Libyen und Äthiopien – seien die drei ausgerissenen Hörner, wird auch von den Aufzeichnungen der ersten Väter unterstützt. In dem Abschnitt „Theologische Fragmente", Teil der Schriften der Väter aus der Zeit vor dem Konzil in Nicäa, lesen wir diesen Kommentar zu Daniels Vision:

**„Und ich erkundigte mich über das vierte Tier." Es ist das vierte Königreich, von dem wir schon gesprochen haben, auf das er sich hier bezieht: Das Königreich, und kein anderes Königreich, welches sich jemals auf der Erde erhoben hat, ist größer gewesen, aus dem auch zehn Hörner entspringen und das unter zehn Kronen aufgeteilt wird. Und unter diesen wird sich ein anderes kleines Horn erheben, welches das des Antichristen sein wird. Und es wird drei andere vor ihm mit den Wurzeln ausreißen: Das wird die Unterwerfung der freien Könige von Ägypten, Libyen und Äthiopien sein, um umfassende Herrschaft für sich zu erlangen. Und nachdem er die bleibenden sieben Hörner erobert hat, wird er zuletzt damit anfangen, erfüllt von einem seltsamen und bösen Geist, Krieg gegen die Heiligen zu entfachen und alle überall zu verfolgen, mit dem Ziel von allen verherrlicht zu werden und als Gott angebetet zu werden.** [7]

## Das zukünftige Problem Ägyptens

Ebenso gab der Prophet Jesaja eine ziemlich einzigartige Voraussage über einen bürgerkriegsähnlichen Konflikt, der sich in Ägypten ereignen wird:

**Und ich will Ägypten gegen Ägypten aufstacheln, dass sie kämpfen werden, jeder gegen seinen Bruder und jeder gegen seinen Nächsten, Stadt gegen Stadt, Königreich gegen Königreich. Dann wird der Geist Ägyptens in seinem Innern zerstört werden, und seinen Ratschlag will ich verwirren: da werden sie die Götzen und die Totenbeschwörer, die Totengeister und die Wahrsager befragen. Und ich will Ägypten ausliefern in die Hand eines harten Herrn. Und ein grausamer König wird über sie herrschen, spricht der Herr, der HERR der Heerscharen.**

Jesaja 19:2-4

Der „harte Herr" und „grausame König" in dieser Schriftstelle ist gemäß vieler Gelehrter der biblische Antichrist, der während der letzten vierundzwanzig Monate der großen Trübsal über Ägypten herrschen wird. Dieser Krieg könnte die Folge eines Kampfes zwischen sunnitischen und schiitischen Muslimen sein, zwischen den radikalen und den eher moderaten Elementen des Islams und zwischen den Armeen des Antichristen und den gewöhnlichen Ägyptern, die sich Freiheit von der Gebundenheit durch die Herrschaft des Antichristen wünschen. Zukünftig wird es eine große Erschütterung in Ägypten geben, die verursacht, dass das ganze nördliche Horn von Afrika in die Hand eines grausamen Königs fallen wird.

Aus folgenden Gründen ist es wichtig, den Ereignissen in Ägypten Aufmerksamkeit zu widmen:

1. Ägypten ist eine wichtige und anerkannte Stimme in der arabischen Welt. Ägyptens lange historische Geschichte und weil es einst ein großes Weltreich war, verleiht

Ägyptens Stimme unter den Arabern des Mittleren Ostens Gewicht. Die Ägypter können sich rühmen, einst das erste große Weltreich der Weltgeschichte gewesen zu sein, das länger Bestand hatte und stärker war, als die in 1. Mose 11 erwähnte frühzeitliche Region um den Turm von Babel.

2. Ägypten kontrolliert durch den Suez-Kanal 40 Prozent des weltweiten Rohöls. Dies ist die Schifffahrtslinie, auf der Öltanker aus dem Persischen Golf kommen, das Rote Meer verlassen und ins Mittelmeer einfahren, um ihr „schwarzes Gold" auf die Weltmärkte zu liefern.[8] Der Suezkanal gibt den Ägyptern eine besondere *Autorität* zur möglichen Kontrolle der Schiffe, die Öl in den Westen und zu den europäischen Ländern bringen.

3. Ägypten ist eine der zwei wichtigen arabischen Nationen (Jordanien ist die andere), die ein *Friedensabkommen* mit Israel haben, welches am 26. März 1979 in Washington DC während der Carter-Regierung unterzeichnet wurde. Das Abkommen schlossen der damalige israelische Premierminister Menachim Begin und der frühere ägyptische Präsident Anwar al-Sadat. Wahrscheinlich hat diese Übereinkunft mit Israel Sadat das Leben gekostet, als er am 6. Oktober 1981 während einer Siegesparade in Kairo zusammen mit acht anderen ermordet wurde. Er wurde abgelöst von Ägyptens Vizepräsidenten Hosni Mubarak, der den Friedensvertrag mit Israel 31 Jahre hielt.

4. Ägypten stellte durch eine große Pipeline auch Erdgas zur Verfügung. Sie verläuft von Ägypten aus sowohl nach Israel als auch nach Jordanien. Tatsächlich deckt Jordanien 80 Prozent und Israel 40 Prozent seiner

Energie durch den Gebrauch ägyptischen Öls. [9]
Kurz nach der ägyptischen Revolution wurde die
Pipeline in weniger als drei Monaten zweimal sabotiert,
indem die Versorgung unterbrochen wurde, was
Israel dazu veranlasste, alternative Energiequellen in
Erwägung zu ziehen.

5. Ägyptens Zukunft ist wichtig, denn biblische Prophetie
   weist darauf hin, dass es die erste islamische Nation
   sein wird, die vom zukünftigen Antichristen in Besitz
   genommen wird.

Gemäß Daniel 11:4, ist der Begriff „Zierde" ein Bezug auf das
Land Israel. Die einzige erwähnte Nation im Mittleren Osten,
die der Kontrolle des Antichristen *entkommen* kann, ist die
Region von Edom, Moab und Ammon – die Nation Jordanien,
deren Hauptstadt Amman (Ammon) ist! Ein Grund, warum
Jordanien nicht durch den Antichristen überrannt wird, könnte
die Lage der Berge Edoms und Moabs sein, wohin der Überrest
Israels aus Jerusalem fliehen und vom Übergriff des Antichristen
1260 Tage geschützt wird. Namentlich wird dieser Zufluchtsort
die natürliche Befestigungsanlage von Petra sein, die rosenrote
Stadt, die in die Felsen der Berge von Jordanien gehauen ist
(Psalm 108:9; Offenbarung 12:6). Laut dieser Prophetie werden
Libyen und Äthiopien dem Antichristen auf Schritt und Tritt
folgen, wenn er die Kontrolle über Ägypten gewinnt. Gemäß
den *Anmerkungen von Barnes:* „Gesenius übersetzt ,in seiner
Gefolgschaft'." Die genaue Wortbedeutung ist: Schreiten oder
gehen. Vergleiche auch Psalm 37:23 und Sprüche 20:24. Die
Vulgata schlägt vor: „Und er wird ebenso durch Libyen und
Äthiopien schreiten." [10] Ägypten wird zuerst fallen und die zwei
anderen erwähnten Nationen werden einfach kapitulieren und
der Führung des Antichristen folgen.

## Gleichzeitig wird der Sudan belagert

Beim Betrachten der Landkarte Afrikas bemerkt man eine große Nation zwischen Ägypten und Äthiopien: Den Sudan. Während seiner frühen Geschichte war dieses Land mit Ägypten verflochten. 1956 wurde der Sudan unabhängig von Ägypten und Großbritannien. Die Nation wurde in den letzten Jahrzehnten und Jahren von Bürgerkriegen und Kämpfen mit benachbarten Ländern zerrissen (erst von 1955 bis 1972, dann 1983). Weil der Sudan, zwischen Ägypten und Äthiopien liegend, eine radikale islamische Nation ist und seine Geschichte zur Zeit Daniels mit jener der Ägyptern verbunden war, kann man annehmen, dass der Antichrist auch den Sudan in das Paket der von ihm kontrollierten Nationen einschnürt.

Ein östlich angrenzender Nachbar Äthiopiens ist Somalia, eine kleine afrikanische Nation, heute bekannt für ihre Piraten, die immer wieder große Tanker und Schiffe in den Küstengewässern entführen. Seit Mitte der Neunziger haben somalische Piraten zahllose Schiffe entführt und Lösegeld erpresst. Alleine 2010 wurden 53 Schiffe mit fast 1200 Seeleuten entführt, andere wurden umgebracht. [11] In Somalia, welches der gefährlichste Ort der aufkommenden Flut von Seepiraterie ist, nehmen nach Expertenmeinung Piraten bis zu 79.000 Dollar im Jahr ein; dies steht in starkem Kontrast zum durchschnittlichen Jahreseinkommen der sonstigen Somaliern von nur 500 Dollar. 2010 brachte die somalische Piraterie 238 Millionen Dollar ein und für 2015 wird dies auf mehr als 400 Millionen Dollar geschätzt. [12] Diese ganze Region, bekannt als das *Horn von Afrika* ist die Heimat von drei Nationen, die in die Hände des zukünftigen Tieres fallen werden: Ägypten, Libyen und Äthiopien. (Das Tier in Daniel 7 hat drei Hörner, die fallen werden, wenn „das andere Horn" aufkommen wird

(Vers 20) und es heißt weiter in Vers 24, dass dieses andere Horn „die drei Könige unterwerfen wird")

## Das Vakuum bringt den Diktator hervor

Ägypten hat Israel seit seiner Gründung im Jahre 1948 in fünf verschiedene Kriege hineingezogen [13]:

1. Der israelische Unabhängigkeitskrieg – 1948-1949
2. Der Sinai-Krieg – 1956
3. Der Sechstagekrieg – 1967
4. Der Abnutzungskrieg – 1968-1970
5. Der Jom-Kippur-Krieg – 1973

Bei den zukünftigen Kriegen laut der Prophetie wird Ägypten nicht erwähnt. Wir lesen, wie die Stadt Damaskus zerstört und zu einer Abraumhalde wird (Jesaja 17:1). Diese Stadt ist eine der ältesten der Welt und wurde niemals in einem Krieg oder Konflikt zerstört. Damaskus ist Syriens Hauptstadt. Die Nation Syrien wird schließlich in einen militärischen Konflikt mit Israel und so in seinen eigenen Untergang hineingezogen werden. Wir wissen aus Hesekiels Prophetie, dass sowohl Libyen als auch Äthiopien der Koalition Persiens (Iran) im Krieg von Gog und Magog beitreten werden (Hesekiel 38). Ägypten jedoch fehlt auf der Liste von Hesekiel 38, die alle Nationen enthält, die zur persischen Koalition gehören, um Israel anzugreifen.

Vielleicht ist einer der Hauptgründe, warum Ägypten Israel zukünftig in keinen großen Konflikt mehr (ausgenommen kleinere Grenzstreitigkeiten) hineinziehen wird, dass Krieg Unsummen von Geld kostet. Für Ägypten ist es beängstigende Realität, dass das Land nicht die notwendigen Hunderte Millionen Dollar besitzt, die ein weiterer Konflikt an militärischer Ausrüstung (Verluste), an Sold und durch Zusammenbruch des Tourismus kosten würde. Der Prophet Jesaja mag sich auf diese erschreckende Realität beziehen, als er schrieb:

**Und das Land Juda wird für Ägypten zum Schrecken werden. Sooft jemand es bei den Ägyptern erwähnt, werden sie beben vor dem Ratschluss des HERRN der Heerscharen, den er über sie beschlossen hat.** Jesaja 19:17

Ein zweiter Grund mag sein, dass Ägypten traditionell eine eher gemäßigte islamische Nation ist und eine große koptisch christliche Bevölkerung hat. - Von den mehr als 82 Millionen Ägyptern sind geschätzte neun Prozent der Einwohner koptische Christen. [14] Die christliche Bevölkerung ist auf keinen Fall *pro-israelisch*, aber sie ist immerhin moderater und offen in ihrem historisch/biblischen Verständnis über Israel und dem hebräischem Volk.

Drittens pflegt Ägypten seit vielen Jahren direkte Beziehungen mit westlichen Mächten wie Amerika, Großbritannien und Frankreich und hat eine westlichere Haltung als einige seiner Nachbarn, wie etwa die iranische Führung und andere. Während so manche islamische Nation anti-westlich eingestellt ist und sich weigert, mit westlichen Führern zu verhandeln, sind die Länder mit starken Tourismus, vor allem Ägypten und Jordanien, freundlicher gegenüber dem Westen, denn sie genießen jährlich Millionen von Tourismus-Dollar, und vieles davon kommt direkt aus den westlichen Ländern. Ägyptens Tourismusindustrie wackelte schon aufgrund der vielen politischen Umbrüche im Land, aber die Ermordung des

Al-Qaida-Anführers Osama bin Laden durch die Vereinigten Staaten wird die Situation noch verschlechtern, da es sich Menschen westlicher Staaten zweimal überlegen, bevor sie in arabische Länder reisen, einschließlich nach Ägypten. [15]

Wenn irgendein Führer, der seit zwanzig oder dreißig Jahren an der Macht ist – so wie es bei vielen der Präsidenten und Königen im Mittleren Osten und bei den Staaten am Persischen Golf der Fall ist – beseitigt wird, schafft dies im Land eine große Leere. Diese Leere bewirkt oft einen internen Kampf oder Streit zwischen Stammesführern oder religiösen Imamen, die danach trachten, den leeren Platz eines ehemaligen Führers oder Diktators zu besetzen. Viele der Aufstände sind ein Ergebnis von nationaler Armut oder hoher Jugendarbeitslosigkeit. Doch als die ägyptische Revolution vorüber war, gab es nicht mehr Arbeitsplätze als vorher und der Tourismus war zum Erliegen gekommen. Die Einkünfte der einfachen Bürger blieben im Grunde unverändert, obwohl die ganze Welt zu dieser Zeit eine Wirtschaftsrezession mit Jobverlusten in jedem Land erlebte. Behalte dies im Sinn, wenn Du Jesajas Vorhersage bezüglich Ägyptens betrachtest:

**Der HERR hat in seiner Mitte einen Geist des Schwindels gebraut, dass sie Ägypten zum Taumeln gebracht haben in all seinem Tun, wie ein Trunkener taumelt in seinem Erbrochenen. Und Ägypten wird keine Tat mehr gelingen, die Kopf oder Schwanz, Palmzweig oder Binse verrichten wollen.**

**An jenem Tag werden die Ägypter wie Frauen sein. Sie werden zittern und beben vor dem Schwingen des HERRN der Heerscharen, der sie gegen sie schwingen wird. Und das Land Juda wird für Ägypten zum Schrecken werden. Sooft jemand es bei den Ägyptern erwähnt, werden sie beben vor dem Ratschluss des HEERN der Heerscharen, den er über sie beschlossen hat.** Jesaja 19:14-17

Die *Amplified Bible* erwähnt in Vers 14 über Ägypten einen „Geist der Verdrehung, des Irrtums und der Verwirrung". Eine andere Übersetzung sagt dies so: „Der HERR hat in sie einen Geist des Taumelns gelegt" (Vers 14, NIV). Hiermit soll ausgedrückt werden, dass die Ägypter Verwirrung überkommt und sie keine Arbeit mehr haben. Arbeitslosigkeit wirkt immer Unruhe und öffnet die Tür für jeden, der Wohlstand und Arbeit für das Volk verheißt. In letzter Zeit erlebten viele arabische Nationen Proteste, die zu Veränderungen führten. In einigen dieser Länder wurden die Anstrengungen der Demonstranten von eiserner Hand des Herrschers unterdrückt; in anderen Fällen wurden Demonstranten dafür bezahlt, einfach fortzugehen und so den Anführern weitere Aufmerksamkeit zu entziehen. Unruhen und Proteste haben sich kürzlich in folgenden Ländern ereignet:

* Tunesien
* Ägypten
* Libyen
* Syrien
* Jemen
* Marokko
* Algerien
* Bahrain
* Iran
* Jordanien
* Saudi Arabien (kurze Proteste)

Bemerkenswert ist, dass all die obigen Nationen in der Nähe oder um das Mittelmeer, um den Persischen Golf oder um den Euphrat liegen. Über all diesen drei Regionen wurde prophezeit, zurzeit des Aufkommens des Reiches des Tieres Gebiete zunehmender dämonischer Aktivität zu sein. Daniel sah, wie sich das prophetische Weltreich des Tieres aus dem *Großen Meer* erhob (Daniel 7:2-3), wie das Mittelmeer früher genannt wurde. Der Euphrat wird nicht nur gegen Ende der zukünftigen Trübsal austrocknen (Offenbarung 16:12), sondern vier der stärksten und bösartigsten gefallenen Engel werden in der Mitte der Trübsalszeit freigelassen und kommen aus dem Flussbett des Euphrats hervor (Offenbarung 9:14). Wir können annehmen, dass der Persische Golf, obwohl nicht direkt in der Bibel erwähnt, auch zum Fokus des prophetischen Konfliktes wird, denn ein großer Anteil des Öls kommt durch die Straße von Hormus.

Die Straße von Hormus trennt als Wasserweg den Iran von der Arabischen Halbinsel und verbindet den Persischen Golf mit dem Golf von Oman. An ihrer schmalsten Stelle ist die Meeresenge nur vierunddreißig Kilometer breit und bietet dort dem Tankerverkehr je Richtung lediglich Platz für 3,6 Kilometer breite Korridore. Ungefähr 40 Prozent des auf dem Seewege gehandelten Öls passiert diese Seestraße, mit durchschnittlich fünfzehn passierenden Öltankern pro Tag. [16]

Iran hat die drittgrößten Ölreserven der Welt und die zweitgrößten Erdgasreserven; so produziert es vier Millionen Barrel Öl am Tag für die Lieferung nach China und Russland. [17] Die Straße von Hormus wird vom Iran kontrolliert. Tanker im Persischen Golf müssen ebenfalls die Meeresenge von Bab-el Manded, oder das „Tor der Tränen" passieren, eine Enge zwischen dem Jemen und der Arabischen Halbinsel. 3,3 Millionen Barrel kommen jeden Tag durch diese Meeresenge.

Die unten aufgeführte Liste zeigt die Namen der Nationen, die eng mit den prophetischen Ereignissen der Endzeit verbunden sind:

| Nationen mit prophetischer Bedeutung für die Endzeit | | |
|---|---|---|
| Biblischer Name | Heutiger Staat | Religion |
| Israel (Daniel 12:1) | Israel | jüdisch, islamisch, christlich |
| Edom, Moab und Ammon (Daniel 11:41) | Jordanien | islamisch, kleine christliche Gruppen |
| Ägypten (Daniel 11:42) | Ägypten | islamisch, kleine christliche Gruppen |
| Libyen (Daniel 11:43) | Libyen | islamisch |
| Äthiopien (Daniel 11:43) | Äthiopien | islamisch, kleine christliche Gruppen |
| König des Nordens (Daniel 11:40) | Türkei | islamisch, kleine christliche Bevölkerung |
| Libanon (Sacharja 11:1) | Libanon | islamisch, kleine christliche Bevölkerung |
| Damaskus (Jesaja 17:1) | Syrien | islamisch, kleine christliche Bevölkerung |
| Persien (Hesekiel 38:5) | Iran | islamisch |
| Gomer (Hesekiel 48:6) | Türkei / Armenien | Islamisch, christlich |
| Togarmah (Hesekiel 38:6) | Türkei / nahe der syrischen Grenze | islamisch |
| Sheba und Dedan (Hesekiel 38:13) | Vereinigte Arabische Emirate | islamisch |
| Gaza (Amos 1:6) | Gazastreifen | islamisch |

Es fällt auf, dass alle obigen Nationen entweder gänzlich muslimisch oder islamisch kontrollierte Regierungen haben mit jeweils nur einer kleinen christlichen Minderheit. Islamische Länder wie der Iran haben Christen hart verfolgt.

Saudi-Arabien hat Christen verboten, mit Bibeln in das Land einzureisen und untersagt das Tragen von Kreuzen oder anderer christlicher Zeichen.

Von den laufenden Aufständen wird gesagt, sie fänden im Namen der Demokratie statt. Allerdings entspricht das Demokratieverständnis unter Muslimen nicht der Art von Demokratie, wie wir sie im Westen verstehen. Unsere demokratischen Regierungen garantieren Rede- und Religionsfreiheit. Westliche Demokratien unterscheiden sich sehr vom islamisch/muslimischen Begriff der Demokratie, denn islamische Demokratien garantieren *keine* Religionsfreiheit – strikt wird die islamische Religion durchgesetzt. Für die muslimische Jugend bedeutet *Demokratie* nur die Freiheit sich „nach Art des Westens" zu kleiden, dass Mädchen Kosmetik benutzen können, mehr *moderne* Musik zu hören, westliche Filme zu schauen und die Möglichkeit weltlicher Bildung zu haben.

Eine wahre Demokratie in den islamischen Länder müsste vollständige Religionsfreiheit für jeden Menschen des Landes beinhalten – einschließlich der Möglichkeit für Muslime sich dem christlichen Glauben zuzuwenden. Das ist aber strengstens verboten – falls sich ein Moslem vom islamischen Glauben einer anderen Religion zuwendet, kann (und wird) dieser Mensch von der Familie verstoßen und wegen Entehrung der Familientraditionen und des Familiennamens mit dem Tode bedroht werden.

Bei der Ausbreitung der Revolutionen gibt es einen wichtigen Punkt, der oft übersehen wird: Sollte die derzeitige Führung gestürzt werden, wer wird die Verantwortung für die Nation übernehmen – einschließlich der Kontrolle über Militär, Wirtschaft und Bodenschätzen des Landes? Bei Absetzung von Führern oder Diktatoren im Mittleren Osten prallen in den meisten Fällen Stämme oder Familien der vorigen Regierung mit den Stämmen anderer Regionen des Landes aufeinander. Beim Fall von Saddam Hussein im Irak konnte man den darauf folgenden Streit zwischen sunnitischen und schiitischen Stämmen des Landes beobachten. Andere ethnische Konflikte haben sowohl in Afghanistan als auch in Pakistan zu Problemen geführt, und dieselben Streitigkeiten sind schon in vielen der arabischen Länder offensichtlich, in denen zurzeit Proteste und Aufstände stattfinden.

Wird ein korrupter Diktator gestürzt und verlässt er das Land, setzt sich die Korruption trotzdem meistens fort. Ich glaube, die laufende Revolution in der islamischen Welt schafft eine große Leere und die Möglichkeit für einen Mann, der sich dann aus dem See der Nationen erheben und die arabischen Länder in einem neuen islamischen Kalifat unter seiner Autorität vereinigen kann. Mit derartigen Unterschiedlichkeiten der Stammesleiter – Sunniten gegen Schiiten, Reiche gegen Arme, traditionelle, *althergebrachte* Machtdynastien gegen *junge* Studentenrevolutionäre – wird es nicht leicht sein, diese Nationen zu vereinen. Es wird jemanden brauchen, der eine Art übernatürliches Charisma und Autorität besitzt. Genau dies prophezeit die Bibel. So lesen wir: „Und der Drache gab ihm seine Kraft und seinen Thron und große Macht." (Offenbarung 13:2)

Blickt man dann noch auf die Ereignisse in Ägypten, Libyen und Äthiopien, glaube ich dennoch *nicht*, dass der Antichrist zurzeit auf seinen Auftritt wartet, um die Macht zu ergreifen. Die biblische Prophetie zeigt zuerst drei Könige oder Führer und wie diese in der Mitte der Trübsal gestürzt werden. Aber wir erleben jetzt den Beginn der Erschütterungen und der Umbrüche, welche die Leere für die Ankunft des Antichristen erzeugen.

# 8

# Der Osama-bin-Laden-Effekt und Amerika

Vor mehr als 120 Jahren vereinte ein islamischer Führer, Mohammed Ahmed, die Stämme im Sudan und konnte so mit Stöcken und Schwertern Ägypten schlagen. Über ein Jahrhundert später, 1996, wurde ein im Sudan lebender Moslem ausgewiesen. Er war mit der Geschichte des sudanesischen Führers Ahmed und dessen großen Taten vertraut und hieß Osama bin Laden. Er folgte dem Muster islamischer Helden. Sowohl Ahmed als auch bin Laden lebten in Höhlen. Beide wurden als Krieger angesehen – Ahmed bekämpfte die ägyptische Armee und bin Laden die Russen in Afghanistan. Ahmed versprach Ägypten, Mekka und Jerusalem zu unterwerfen, genauso wie es bin Laden tat. Nach Aussagen von Ahmed und von bin Laden sollten alle Ungläubigen, die sich dem Islam nicht beugten, durch Enthauptung getötet werden. Und beide standen gegen die westliche Kultur.

Mohammed bin Laden (Osamas Vater) war ein Unternehmer, Milliardär, Gründer und Kopf der bin Laden Gesellschaft. 40 Jahre lang sprach er über den kommenden Mahdi. Er gründete einen Fonds von 12 Millionen Dollar, um den Mahdi bei der weltweiten Erneuerung der islamischen Größe zu unterstützen. Dabei ahnte er nicht, dass sein Sohn, der Saudi Arabien verlassen musste, eines Tages Anspruch auf diesen Titel erheben würde.

Es gibt viele Anhaltspunkte für Osama bin Ladens Versuche, die islamische Welt zu veranlassen, ihn als den erwarteten islamischen Mahdi anzuerkennen. Interessant ist dabei auch: Apokalyptische Überlieferungen sagen den Ausbruch eines Krieges zwischen Ost und West vorher, wobei angenommen wird, der Osten würde den Westen einschließlich Spanien, Großbritannien und Amerika überwältigen. Osama plante einen Angriff gegen die Vereinigten Staaten – die stärkste Nation des Westens, was wirtschaftliche Unruhen, Angst, Panik und Leid in Amerika und der Welt hervorriefen. Nach dem 11. September gebrauchte Osama öfter seinen vollen Namen, Osama bin Mohammed bin Awad bin Laden – vielleicht um den Überlieferungen des kommenden Mahdis zu entsprechen, dessen Name Mohammed, nach dem islamischen Propheten Mohammed, sein soll. US Truppen beschlagnahmten eine Reihe Videos, die bin Laden zeigen, wie er auf Arabisch die Worte „der Erwartete" auf einer Wandtafel niederschrieb. Sogar einige der Guantanamo-Bay-Häftlinge (Gitmo) sagten, bin Laden habe sich für den „Erwarteten und Erleuchteten" gehalten.

## Al-Mahdi – versteckt in einer Höhle

In einer interessanten islamischen Überlieferung über den zukünftigen islamischen Retter geht man davon aus, er verstecke sich. Ein türkischer Scheich erklärte hierzu:

**Der große Krieg wird zwischen Ost und West ausbrechen. Es werden sehr schwere Tage für die Menschheit werden. Es werden sehr intensive Kämpfe sein. Sehr viele Menschen werden getötet. Dann wird der Herr dem al-Mahdi Alaihi as-Salam befehlen, zu erscheinen. Noch ist er in einer Höhle, einer großen, tiefen Höhle. Keiner kann dort hinkommen. Dschinns (Geister) beschützen und bewachen ihn.** [1]

Viele – besonders schiitische – Muslime glauben, der Mahdi werde beschützt und übernatürlich in einer leeren Wüstengegend in Arabien bewahrt. Gerade dieser Gedanke über jemanden, der sich in einer Wüstengegend versteckt, erinnert mich an die Warnung, die Jesus bezüglich falscher Propheten und falscher Christen gab. Er sagte:

**Wenn sie nun zu euch sagen: Siehe, er ist in der Wüste! So geht nicht hinaus! Siehe, in den Kammern! So glaubt es nicht!** Matthäus 24:26

Geheimdienste nahmen an, Osama habe sich einige Zeit in einer Reihe von Höhlen und Kavernen in den Bergen von Afghanistan oder Pakistan versteckt gehalten. Man ahnte aber nicht, dass er heimlich Unterschlupf auf einem großen Areal gefunden hatte, wo er schließlich getötet wurde.

In Lukas 21:11 sagte Jesus voraus, am Himmel würden große und schreckliche Zeichen vor Seiner Rückkehr erscheinen. Darunter wären auch seltsame Veränderungen an Sonne, Mond und Sternen (Vers 25). Jahrhundertelang verfolgten an biblischer Prophetie interessierte Christen aufmerksam ungewöhnliche kosmische Aktivitäten; es fing mit dem Augenzeugenbericht des jüdischen Historikers Josephus an, der zahllose kosmische Zeichen auflistete, die vier Jahre vor der Zerstörung des Jerusalemer Tempels im Jahre 70 nach Christus zu sehen waren. Diese Zeichen beinhalteten einen großen Kometen, der etwa ein Jahr lang über der Stadt zu sehen war, sowie ein seltsames Phänomen, als am Himmel über der Stadt ein Schwert erschien. Gelehrte deuteten dies als Warnungen vor der drohenden Zerstörung der Heiligen Stadt.

Viele, die auf die Ankunft eines islamischen Mahdis warteten, weisen ebenfalls auf verschiedene Vorhersagen bezüglich der Zeichen am Himmel hin, die in den letzten Tagen geschehen werden. Ein solcher „Hadith" (Bericht) lehrt, der Mond würde sich während des Ramadans zweimal verfinstern, also während des heiligen Monats des Islams, in dem nach muslimischem Glauben Mohammed seine Offenbarungen empfing, welche im Koran niedergeschrieben sind. Ein weiteres kosmisches Zeichen und ein Omen für die letzten Tage ist, wenn „ein Stern mit einem glänzenden Schweif sich vom Osten erhebt, bevor der Mahdi erscheint."[2]

Während der späten 1990er sorgten zwei Ereignisse bei vielen Muslimen im Mittleren Osten für Aufsehen. Zum Einen das Erscheinen eines Kometen, der verborgen war und 1993 entdeckt wurde: der Komet „Hale-Bopp." Er war viel heller als der Halleysche Komet.[3] Dieser Komet war mit bloßem Auge erkennbar und galt als Zeichen für Juden, Christen und Muslime, welche die Zeichen der letzten Tage entsprechend ihrer religiösen Überlieferungen studierten. Juden und Christen wiesen darauf hin, dass der Komet zuletzt zur Zeit Noahs gesehen wurde, also etwa als dieser die berühmte Arche baute. Als dieser große Komet erschien, erinnerten sich viele Muslime an die Überlieferung vom Stern mit dem langen Schweif. Im Jahr 1998 verließ der Komet unser Sternensystem und konnte mit dem bloßen menschlichen Auge nicht mehr gesehen werden. Im August 1999 dann ereignete sich eine totale Sonnenfinsternis über dem Mittleren Osten.

Ramadan fiel 2004 in die Monate Oktober und November. Interessanterweise nahm Osama bin Laden kurz vor der amerikanischen Präsidentenwahl ein Videoband auf. Warum entschied sich dieser terroristische Vordenker dafür, der Welt gerade fünf Tage vor der Wahl sein Gesicht zu zeigen, wo er sich doch so lange Zeit nicht bemerkbar gemacht hatte? Die Antwort mag darin liegen, dass sich 2004 während des Ramadans zwei Mondfinsternisse ereigneten. So könnte die islamische

Überlieferung – wonach sich während des Ramadans zwei Mondfinsternisse ereignen, ehe der Mahdi erscheinen würde – für bin Laden die Gelegenheit gewesen sein, seine rätselhafte Selbstverkündigung abzugeben.

Es ist unwahrscheinlich, dass viele Muslime Osama bin Laden als ihren lang erwarteten Messias ansahen. Für viele Muslime hatte der Einfluss seines Al-Qaida-Netzwerkes genauso viel negativen wie positiven Einfluss auf die radikal islamischen Planungen. Für jene, die ihn als den Mahdi sahen, starben am 1. Mai 2011 alle Hoffnungen mit einer Kugel und der Verkündigung des Todes von Osama bin Laden.

## Die Loyalität der Osama-Klone

Wer dachte, der Tod Osama bin Ladens wäre das große Finale des Terrorkrieges gewesen, hat die leidenschaftliche Treue der *Klone bin Ladens* nicht begriffen. Statistiken über die Anzahl radikaler Islamisten in der Welt variieren zwar stark, einige Forscher aber meinen, dass nicht weniger als 37 Prozent der islamischen Welt am radikalen Element der Religion teilhaben. Bei geschätzten 1,2 Milliarden Muslimen würden 37 Prozent etwa 439 Millionen radikale Muslime in der Welt bedeuten.[4]

Die meisten Amerikaner sind natürlich mit den Anschlägen vom 11. September auf das World Trade Center und das Pentagon vertraut. Viele wissen aber nicht, dass zahllose Anschläge der bin-Laden-Nachahmer durch den Einsatz von Homeland Security, von FBI und CIA vereitelt wurden, indem man Agenten als potentielle Dschihadisten einschleuste. Die Bundesregierung der Vereinigten Staaten hatte an zwei Fronten des Terrorkrieges Erfolg: Die Verhinderung von großen, geplanten Anschlägen auf die Vereinigten Staaten und dabei, die Informationen über die Anschlagspläne vor der breiten Öffentlichkeit zu verbergen.

Aus drei Gründen gab es eine vollständige Informationssperre: Erstens will man die Ausbreitung von Angst und Panik in der Bevölkerung verhindern, die entstehen würde, falls man den Ort des geplanten Anschlags veröffentlichte. Zweitens, um nicht die Menschen, Ämter oder Geheimagenten preiszugeben, welche die islamischen Terrorzellen infiltriert haben. Und drittens, um die Medien von Nachforschungen abzuhalten, wie die geplanten Angriffe verhindert wurden, wodurch der Feind Informationen bekäme, um weiteren Entdeckungen zu entgehen.

Die Klone bin Ladens sind unablässig damit beschäftigt, einen weiteren Anschlag nach Art des 11. Septembers durchzuführen, der einen noch stärkeren Effekt auf das Land haben würde als jener Anschlag. Als ich an Versammlungen überall in den Vereinigten Staaten mit Tausenden von Menschen teilnahm, erzählten mir gut informierte Personen von Anschlägen, die verhindert werden konnten. Um ihre Identität geheim zu halten, habe ich mich entschlossen, weder ihre Quellen noch die Anschlagsorte zu veröffentlichen.

Vor einigen Jahren kaufte in Florida eine Gruppe von Männern aus dem Mittleren Osten einige Schulbusse von einem Mann, der ältere gebrauchte Busse an Gemeinden und Organisationen verkauft, die einen Bus zum Transport ihrer Kinder und Jugendlichen brauchen. Kurz danach führte ein Kampfsportspezialist eine Schulung für hunderte Lehrer öffentlicher Schulen durch, und erklärte ihnen, wie sie sich selbst verteidigen könnten, sollte jemand ihren Bus betreten, der sie oder die Kinder verletzen wollte. Im Laufe des Seminars informierte ein Mann den Trainer, dass er fünf Busse an eine Gruppe von Männern aus dem Mittleren Osten verkauft hätte.

Ihrem Vorhaben gegenüber wurde er misstrauisch, als sie bar bezahlten. Die maßgeblichen Behörden wurden informiert und stellten fest: diese Männer waren Muslime und planten, die fünf Busse mit Sprengstoff zu füllen, um dann fünf normale, mit Schulkindern besetzte Busse zu entführen und die Kinder durch ihre eigenen Dschihadisten-Fahrer zu den Bussen mit Sprengstoff zu bringen. Sie wollten diese Busse in die Luft sprengen – mit den Kindern – vor der Schule! Glücklicherweise wurde der Plan aufgedeckt. [5]

Ich habe einen pakistanischen Freund (den ich unbenannt lasse), der mir 2004 ein erstaunliches Ereignis aus Kalifornien erzählte. Wegen seines Nachnamens und seiner Familie befand sich der Name meines Freundes auf einer FBI Beobachtungsliste. Er ist Christ, der einzige aus seiner sonst muslimischen Familie. Monate nach dem 11. September wurde er von fünf Männern in seinem Büro aufgesucht, die allesamt Muslime aus verschiedenen Ländern waren. Sie fragten ihn, ob er in ein neues Geschäft investieren möchte: Eine Bäckerei, welche die Männer in der örtlichen Gemeinde errichten wollten. Als mein Freund mehr über das Angebot hören wollte, fragte der Leiter auch, ob er ihnen helfen würde, einige kleine landwirtschaftliche Sprühflugzeuge zu kaufen. Die Verbindung einer Bäckerei mit Sprühflugzeugen machte für meinen Freund keinen Sinn. Der Sprecher der Gruppe sagte, er würde ihn später noch einmal kontaktieren und hinterließ bei meinem Freund eine Handynummer.

Als die Männer hinausgegangen waren, erschienen einige Männer vom FBI, die Auskünfte über das Gespräch haben wollten, da schon verschiedene andere derartige Gespräche überwacht worden waren. Mein Freund blieb wie gewünscht mit den fünf muslimischen Männern in Kontakt. Nach einiger Zeit wurde der Plan aufgedeckt. In einem Stadion der Gegend sollte eine sehr große Evangelisation stattfinden. Diese Männer wollten Sprühflugzeuge kaufen, sie mit Treibstoff befüllen und dann über das offene, mit Tausenden Christen gefüllte Stadion fliegen lassen und die Menschen mit dem Treibstoff der Flugzeuge besprühen. Dann wollten sie ein weiteres Flugzeug im Stadion abstürzen lassen. Wieder einmal versagte eine Strategie.[6]

Während ich an der Ostküste von Maryland predigte, fuhr der Veranstalter meiner Reise an einem Restaurant und einem Hotel in einer der kleineren Gemeinden vorbei. Einer seiner engeren Freunde arbeitete für die Polizei der Stadt. Dieser teilte mir mit, Hotel und Restaurant hätten früher einer Gruppe von Männern aus dem Mittleren Osten gehört, allesamt Muslime. Unmittelbar nach dem 11. September hätten die Männer die Gegend verlassen; die Gebäude und Besitzgegenstände wären an einen neuen Eigentümer verkauft worden. Als die neuen Besitzer das Innere der Gebäude renovierten, entdeckten sie Bargeld und Waffen hinter den Wänden. Nach Auswertung verschiedener Beweise wurde klar, dass diese dort platziert wurden, während die früheren Besitzer in den Gebäuden arbeiteten.

Dies sind nur drei von etwa zehn mir bekannten Beispielen, bei denen Anschläge noch in der frühen Phase gestoppt werden konnten. Was betroffen macht, ist die große Anzahl fremder und sogar einheimischer Radikaler, die überall wie Unkraut in einem Garten verteilt sind und darauf warten, zu erstarken, um das Leben der sie umgebenden Amerikaner abzuwürgen.

Neueste Schätzungen zeigen, es gibt mehr als neun Millionen Muslime in den Vereinigten Staaten: mit Immigrantenhintergrund, einer hohen Geburtsrate und einer erstaunlichen Bekehrungsrate. Einem Bericht zufolge konvertieren in Amerika jedes Jahr 200.000 Menschen zum Islam. Der schiitische Bevölkerungsanteil, also die radikalere muslimische Gruppe, soll ungefähr 1,8 Millionen der insgesamt acht Millionen großen muslimischen US Gemeinschaft umfassen. [7]

## Warum die Ergreifung bin Ladens zehn Jahre dauerte

Warum konnte einer der größten Geheimdienste der Welt den weltweit meist gesuchten Terroristen trotz seiner fortschrittlichen Technologie nicht finden: Satelliten, die von ihrem Orbit aus einen Cent auf einem Parkplatz erkennen können; abgehörte Handyanrufe sowie mitgelesene E-Mails von angezapften Regierungscomputern, und das alles in Zusammenarbeit mit den britischen, französischen, deutschen und auch israelischen Quellen? Beim Versuch, diese Frage zu beantworten, möchte ich eine Reihe von persönlichen Beobachtungen einbringen.

Eine wichtige Tatsache ist, dass die beste Information über den Aufenthaltsort einer gesuchten Person oft aus erster Hand, durch Berichte von dort wohnenden Augenzeugen stammt. Als die Vereinigten Staaten eine Belohnung von 25 Millionen Dollar auf bin Ladens Kopf aussetzte, hätten wir vermutet, dass afghanische oder pakistanische Muslime sofort die Gelegenheit ergreifen würden, die Nummer Eins der Terroristen den Vereinigten Staaten auszuliefern, um durch eine solch hohe Summe sofort ihren Wohlstand zu erhöhen. Dieses Angebot bedeutete aber denen nichts, die bin Laden persönlich kannten. Dieses Beispiel verdeutlicht unser fehlendes Verständnis der *arabischen Ehre* und *islamischen Tradition*.

Die Länder Afghanistan und Pakistan bestehen aus Stämmen. In Afghanistan gibt es im Wesentlichen vier Stämme – Paschtunen, Tadschiken, Usbeken und Hazaras. Jeder

Stamm hat seine eigenen Gebräuche, Traditionen, Sitten und Moralvorschriften, oft ungeschrieben aber seit Generationen überliefert. [8] Unter allen Arabern und Stammesgemeinschaften gibt es seit Generationen eine tief verwurzelte Lehre, die *Familienehre* einfordert, welche als höchst angesehenes Gut in der Gemeinschaft praktiziert werden muss. Ein Familienmitglied wird niemals, und ich meine wirklich niemals, einen Stammesführer missachten, und Kinder entehren niemals ihren Vater. In streng islamischen Ländern wird ein Vater seinen eigenen Sohn oder seine Tochter töten, sollten diese die Familie entehren. In den Nachrichten haben wir *Ehrenmorde* gesehen, bei denen eine Familie die Tochter wegen Unzucht oder die Frau für Ehebruch gesteinigt hat.

Osama bin Laden war ein weltbekannter Dschihadistenführer und wurde, obwohl Terrorist, von den meisten Muslimen und besonders in zahllosen Stammesgebieten Pakistans und Afghanistans bewundert und respektiert. Ihn dem Militär der Vereinigten Staaten auszuliefern, wurde selbst für 25 Millionen Dollar als größte Ehrlosigkeit betrachtet. Der Zorn der ganzen Sippe würde sich auf den Informanten und Verräter des Aufenthaltsortes konzentrieren. Wahrscheinlich würde jemand den Informanten umbringen und alle seine Familienmitglieder mit dem Tode bedrohen!

Eine zweite Tatsache ist die Art wie Muslime andere Muslime verteidigen, würden diese zum *Ziel* von Israel, den Vereinigten Staaten oder dem Westen im Allgemeinen. Die mehr fanatischen Muslime betrachten Juden und Christen als Ungläubige, besonders weil der christliche Glaube Jesus als Sohn Gottes bezeichnet und der islamische Glaube bestreitet, dass Gott einen Sohn hat. Da Jerusalem laut islamischer Religion die dritte heilige Stätte und der Tempelberg von Juden und Christen umgeben ist, sieht die islamische Welt das zu ihnen gehörende Jerusalem als besetztes Gebiet an. Sie glauben der Islam fordere, Jerusalem aus der Hand ihrer geistlich-politischen Feinde, den Juden und Christen, zu befreien. Als bin Laden von Höhle zu Höhle, von Berg zu Berg und Dorf zu Dorf versteckt wurde, konnte er sich erfolgreich vor dem öffentlichen Blick verbergen. Trotzdem kannten nur wenige Menschen seinen Aufenthaltsort, aber als Mitbruder mit welt-weiter Aufmerksamkeit, würden seine Nachfolger ihm bis in den Tod folgen und ihn niemals westlichen Mächten ausliefern.

Ein weiterer wichtiger Grund, warum es so lange dauerte ihn aufzuspüren, liegt in der Schwierigkeit, Militärfahrzeuge durch die hohen Bergregionen von Afghanistan und Pakistan zu manövrieren – in die Berge und Felsklüfte dieser beiden Länder. Nur drei Beförderungsarten sind brauchbar, um von Ansiedlung zu Ansiedlung dieser verborgenen Bergregionen zu reisen – Maultiere, Pferde und zu Fuß. Die Russen mussten während ihres Krieges mit Afghanistan erfahren, wie erfolgreich bin Laden und seine Mujaheddin das russische Militär von der Einnahme Afghanistans abhielten. Die Russen setzten Panzer, Jeeps und Flugzeuge ein, während die islamischen Krieger auf Pferden ritten und vom Pferd aus Flugabwehrraketen abschossen! Das raue, unebene Land in diesem Teil der Welt, die zahllosen Höhlen, abgelegenen Dörfer und die islamische Treue ließen die Suche nach dem meistgesuchten Terroristen der Welt zehn Jahre dauern.

## Der Aufstieg bin Ladens

Manche Menschen, sogar einige Militärs behaupteten mir gegenüber, die Vereinigten Staaten hätten womöglich die Aufenthaltsorte bin Ladens schon jahrelang gekannt. Doch sie hätten den klugen Kopf der Terroristen am Leben gelassen, damit er für andere Radikale nicht zum Helden würde und sie ihn nicht für die Sache des Islams zum Märtyrer ausrufen könnten. Als ihn die NAVY-Spezialeinheit auf seinem Grundstück, ungefähr eine Stunde nördlich von Islamabad in Pakistan, erschoss, sorgte man sich, eine falsche Durchführung könnte nur noch mehr Klone bin Ladens hervorbringen. Ein *Klon* hat dasselbe mentale, emotionelle, politische und geistliche Denken einer anderen Person. Osama bin Ladens Klone passen ihre Lebensführung, ihren religiösen Glauben und ihren Hass an den verstorbenen Gotteskrieger an.

Die nicht benannte NAVY-Spezialeinheit, platzierte eine Kugel genau über dem linken Auge bin Ladens und führte somit einen Schuss aus, der bin Laden augenblicklich tötete und (laut Fotografien) einen Leichnam mit geöffneten Augen hinterließ. Die Leiche wurde aus dem Haus getragen und in einem Helikopter der Spezialeinheit zu einem amerikanischen Schiff, der USS *Carl Vinson*, gebracht. Dort wurde er für eine Bestattung in dem Nordarabischen Meer vorbereitet. [9] Das Arabische Meer ist ein großes Gewässer zwischen dem Roten Meer und dem Persischen Golf. Beide gehen ins Arabische Meer und schließlich in den noch größeren Indischen Ozean über. An dieses Arabische Meer grenzen die Länder Pakistan, Iran, Jemen, Oman und Somalia. Als sich die Information über seinen Tod und seine Seebestattung weltweit verbreitete, begannen radikale Muslime, wie ein führender britischer Islamgelehrter berichtet, das Meer mit dem versenkten Körper in das „Märtyrer Meer" umzubenennen. [10]

Es gibt eine eigenartige Parallele zwischen zwei Schriftstellen im Buch der Offenbarung, wenn man diese dem Kopfschuss bin Ladens und seiner Seebestattung gegenüberstellt. Man sieht dort das Tier oder den zukünftigen Antichristen „aus dem Meer aufstehen" (Offenbarung 13:1). Wir lesen weiterhin, dass er eine tödliche Wunde an einem seiner Köpfe haben wird, die geheilt wird (Vers 3). Bin Laden, der weltberühmte Terrorist wurde tödlich in den Kopf geschossen und in dem Meer versenkt, dessen Küsten an einige Länder der Endzeit-Prophetien grenzen! Ich möchte aber ganz klar sagen: Bin Laden ist tot, er ist nicht der Antichrist, und er wird nicht aus seiner feurigen Kammer der ewigen Verdammung herauskommen, um die Welt zu regieren. Aber mir ist folgendes wichtig. Sein Tod machte ihn bei den Radikalen auf der ganzen Welt zum ultimativen Helden, und sein Ableben und seine Seebestattung werden lediglich eine weitere Gruppe von Männern und Frauen hervorbringen, die nach Rache für den Tod ihres Helden rufen.

## Mögliche terroristische Anschläge und die Reaktion Amerikas

Es ist keine Frage *ob*, sondern *wann* Amerika wieder durch einen großen terroristischen Anschlag islamischer Dschihadisten bedroht wird. Es gab eine Schießerei am 5. November 2009 in Foot Hood, Texas, bei der 13 Menschen starben und 20 verletzt wurden. Der Einzeltäter war der aus Palästina stammende Muslim und US Armeemajor Nidal Malik Hasan. Obwohl der Major vor der Tat seit langer Zeit im Kontakt mit dem radikalen, im Jemen lebenden Kleriker Anwar Al-Awlaki stand, und wie alle Selbstmörder bevor er seine Schüsse abfeuerte „Allahu Akbar" gerufen hatte, fiel es den Behörden dennoch schwer, Nidal als einen islamischen Terroristen zu bezeichnen![11]

Die Disziplin und die Geduld der Familien und Freunde der Getöteten haben mich völlig erstaunt. Anstatt ortsansässige Muslime zu bedrohen und ihnen Vergeltung zu versprechen, beteten viele Amerikaner für die Mörder und sprachen von ihrer Hoffnung auf die Auferstehung ihrer gläubigen, geliebten Verwandten. Dies zeigte mir den deutlichen Unterschied zwischen dem getöteten Familienmitglied eines Christen zu einem getöteten Familienmitglied eines Muslims im Mittleren Osten. Die trauernden Christen wissen um die Hoffnung der Auferstehung, und man spricht nicht von Vergeltung. Demgegenüber wird in der ganzen Welt nach der Tötung eines Muslims sofort über Vergeltung und Tod den Feinden des Islams gesprochen.

Aber dieses ist gewiss: Jene, die den zukünftigen Dschihad auf den Boden der Vereinigten Staaten tragen wollen, sollten niemals unseren christlichen Glauben und die Liebe für Menschen als etwas Schwaches betrachten, auch macht dies uns nicht unfähig, unsere Familien zu verteidigen, sollten Dschihadisten erneut Angriffe auf US Territorium planen und damit tatsächlich erfolgreich sein.

Eine der Stärken Amerikas liegt in der zweiten Änderung der Verfassung, wodurch jeder Einwohner das Recht hat, *Waffen* zu tragen oder Gewehre zur Selbstverteidigung oder zum Schutz zu besitzen. Ein potentieller Angreifer wird es sich zweimal überlegen, ein bewaffnetes Opfer anzugreifen, wenn so der Angriff auch leicht mit seinem eigenen Tod enden könnte. Amerika ist keine aggressive Nation, wie es oft von Liberalen in Europa und Radikalen im Mittleren Osten behauptet wird. Der durchschnittliche US-Bürger ist ein friedliebender Mensch, der sich vieles gefallen lässt – außer es betrifft seine eigene Familie und Kinder. Erst, wenn ein Fremder in die Privatsphäre eindringt oder die Familie entehrt, wird der normale amerikanische Vater seine Angehörigen selbst verteidigen.

Sollten zukünftig die Klone bin Ladens wie wilde Tiere aufstehen und die Freiheit und das Leben der Kinder friedfertiger Amerikaner angreifen, habe ich keinen Zweifel, dass der amerikanische Adler zum autoritären Löwe wird. Mit oder ohne Unterstützung der Regierung werden wir unsere Familien, unseren Glauben, unseren Stolz und unsere Ehre verteidigen. Die arabische Welt ist nicht die einzige Gruppe, die an die Verteidigung ihrer Ehre glaubt. Ehre ist in jedem ehrlichen Amerikaner tief verwurzelt. Der Terrorkrieg endete nicht mit dem Tod von bin Laden – er ist nur in die Hände neuer Führer übergegangen; diese Nachahmer planen weiterhin ihre Angriffe und hoffen eine Lücke im Schutzwall Amerikas zu finden.

## Amerika – Israel ist dein Segen oder dein Fluch

**Und ich will segnen, die dich segnen, und wer dir flucht, den werde ich verfluchen; und in dir sollen gesegnet werden alle Geschlechter der Erde.** 1. Mose 12:3

Während des Zeitalters des Alten Testamentes wurden zwei Wörter häufig benutzt, um Gunst oder Missfallen zu beschreiben. Gott sprach von *Segen* für sein Volk, wenn es seinen in der Thora (den fünf Büchern Mose) offenbarten Vorschriften befolgte. Ebenso sprach Er aber über *Fluch*, sollte das Volk rebellieren und sich weigern, im Bund Gottes zu wandeln. Die ganze Bibel basiert auf dem Fundament des Bundes. Im Deutschen sprechen wir von Verträgen und Vereinbarungen, aber schon allein im Alten Testament gebraucht Gott das Wort *Bund* 272 Mal. Das hebräische Wort für *Bund* ist *berith*; es ist das häufigste Objekt zum Verb *karath*, was „trennen oder in zwei Teile schneiden" bedeutet. Dieses Schneiden bezieht sich auf den Vorgang, wenn Bünde mit dem Blutopfer eines erwählten Tieres besiegelt werden. Spätere Bezüge verweisen auf die Beschneidung des männlichen hebräischen Kindes an seiner Vorhaut am achten Tag, als ein Zeichen des Bundes (1. Mose 17:10-12).

## Das Land, die Stadt und das Bundesvolk

Im Blick auf Israel ist die wichtigste Tatsache, dass diese Nation durch einen Bund mit Gott geboren wurde. Der Allmächtige erwählte einen Mann aus Ur, aus dem Land der Chaldäer, namens Abraham und brachte ihn ins verheißene Land. Dort sagte Er, Er würde ihn zu einem „großen Volk" machen (1. Mose 12:2), einer „großen und mächtigen Nation" (1. Mose 18:18), einer „gerechten Nation" (1. Mose 20:4) sowie zu einer „Nation und einer Schar von Nationen" (1. Mose 35:11). Abrahams Nachfolger würden „ein Königtum von Priestern und eine heilige Nation" sein (2. Mose 19:6). Innerhalb von etwa 400 Jahren wuchs Israel von dem einen Mann Abraham zu einem Volk mit 600.000 Männern heran (2. Mose 12:37)! In diesem Volk kam der Stamm Levi hervor, welcher in der Stiftshütte (später im Tempel) als vollzeitliche Arbeiter und Priester diente (4. Mose 1:50). Wir lesen:

**Denn wo gibt es eine große Nation, die Götter hätte, die ihr so nahe wären wie der HERR, unser Gott, in allem, worin wir zu ihm rufen? Und wo gibt es eine große Nation, die so gerechte Ordnungen und Rechtsbestimmungen hätte wie dieses ganze Gesetz, das ich euch heute vorlege?** 5. Mose 4:7+8

Gott befreite die Hebräer aus der Knechtschaft Ägyptens, denn Er „gedachte an Seinen Bund mit Abraham, Isaak und Jakob" (2. Mose 2:24). Gottes Bund beinhaltete für Abraham und das hebräische Volk besondere Segnungen auf ihrer Ernte, ihrem Land und ihren Tieren und versprach die Niederlage ihrer Feinde (5. Mose 28). Gott gab das Versprechen, das Land, was Abraham besaß und heute Israel genannt wird, würde für immer dem Samen Isaaks und Jakobs gegeben (1. Mose 22:17-18; 28:4; 35:12).

## Der Bund zu Jerusalem

Viele Jahre später wurde ein Bund für die Stadt Jerusalem aufgerichtet. Zur Zeit Abrahams hieß die Stadt Salem, als hier zwei große Ereignisse geschahen. Erstens gab Abraham den Zehnten an den ersten königlichen Priester, Melchisedek, in Jerusalem (1. Mose 14). Später führte Abraham seinen Sohn Isaak auf den Berg Moria, um ihn Gott zu opfern (1. Mose 22). Abraham nannte den Ort „Jahwe Jireh" (Vers 14). Wie Rabbis lehren, erhält man aus der Verbindung der zwei Worte *Jireh* und *Salem* die Grundlage für den Namen Jerusalem.

Von diesem Augenblick an war Jerusalem für das hebräische Volk gekennzeichnet. Es war zum Ort für den zukünftigen Erlösungsbund durch Christus bestimmt. Als David zum König über Israel gekrönt wurde, verlegte er den Hauptsitz Israels von Hebron nach Jerusalem, nachdem er den dort herrschenden Stamm der Jebusiter besiegt hatte (1. Chronik 11:3-7). David herrschte als erster israelischer König von Jerusalem aus und regierte von dort 33 Jahre lang (2. Samuel 5:5). Lies die Verheißung, die David bezüglich der israelischen Besiedlung Jerusalems gegeben wurde:

**Denn David sagte: Der HERR, der Gott Israels, hat seinem Volk Ruhe verschafft, und er wohnt in Jerusalem für ewig.** 1. Chronik 23:25

147

Jerusalem war schon Jahre zuvor vom Herrn erwählt worden, bevor die Israeliten überhaupt die Berge überquerten und es in den Tagen Davids zu Israels Hauptstadt erhoben. Moses schrieb:

> Sondern ihr sollt die Stätte aufsuchen, die der HERR, euer Gott, aus all euren Stämmen erwählen wird, um seinen Namen dort niederzulegen, dass er dort wohne, und dahin sollst du kommen.
>
> 5. Mose 12:5

Gott erwählte einen besonderen Ort, um seinen Namen dort niederzulegen (Vers 11) und Seinen Namen „dort wohnen zu lassen" (5. Mose 14:23). An diesem Ort sollten die Feste eingehalten werden (5. Mose 16:2) und die Stadt war ein Platz der Freude für Familien und Bedienstete (Vers 11). Dieser Ort war Jerusalem, der Standort von Salomos Tempel (2. Chronik 3) und des „zweiten" Tempels, des Tempels aus Christi Zeit (Matthäus 21:12). Gott garantierte Seine Bünde mit Abraham und David als ebenso gewiss, wie die Schöpfungsgesetze:

> So spricht der HERR: Wenn mein Bund mit dem Tag und der Nacht nicht mehr besteht, wenn ich die Ordnungen des Himmels und der Erde nicht festgesetzt habe, dann werde ich auch die Nachkommen Jakobs und meines Knechtes David verwerfen, dass ich nicht mehr von seinen Nachkommen Herrscher nehme über die Nachkommen Abrahams, Isaaks und Jakobs. Denn ich werde ihr Geschick wenden und mich über sie erbarmen.
>
> Jeremia 33:25+26

Die Stadt Jerusalem wurde von Gott selbst erwählt und dem Samen Abrahams versprochen – dem jüdischen Volk – durch David.

## Der Bund für das hebräische Volk

Der natürliche Same Abrahams sind die *Hebräer* (1. Mose 40:15; 43:32). Später, zur Zeit der babylonischen Gefangenschaft und danach, wurden sie *Juden* genannt, denn als die zehn Stämme zerstreut wurden, war Juda der leitende Stamm im Land. Gott nannte das hebräische Volk „mein Volk" (2. Mose 3:7; 10; 5:1; 7:4; 8:1). Um sie als *sein Volk* zu kennzeichnen, bezeichnete Gott sie als Sein Bundesvolk, welches Er selbst auf der Erde durch den Mann Abraham ins Leben gerufen hatte.

Hierin liegt der Schlüssel. Israel ist die einzige Nation der Erde, Jerusalem die einzige Stadt auf Erden, und die Juden das einzige Volk der Erde, die durch einen direkten Bund mit Gott geboren und geformt wurden! Jede andere Nation oder christliche Gruppe könnte ihre Nation Gott widmen und Ihm versprechen eine christliche Nation aufzurichten. Dies mag die Absicht vieler der Gründerväter Amerikas gewesen sein. Trotzdem wurden diese Bündnisse durch die Gründer errichtet, die sich Gott näherten; Israel wurde aber von Gott selbst gegründet, indem Er sich einem Menschen nahte! Dieser hebräische Bund basierte darauf, dass Gott Seinen Name auf Jerusalem und auf Sein erwähltes Volk legte.

> **Aber Jerusalem habe ich erwählt, dass mein Name dort sei, und David habe ich erwählt, dass er über mein Volk Israel König sei.**
>
> 2. Chronik 6:6

Wenn die Priester ein Segnungsgebet beteten, enthielt es Gottes Name, so wie geschrieben steht:

> **Und so sollen sie meinen Namen auf die Söhne Israel legen, und ich werde sie segnen.**
>
> 4. Mose 6:27

149

Wie wird Gott reagieren, wenn Führer der Welt, einschließlich des amerikanischen Präsidenten zwar wissen, dass Israel, Jerusalem und das hebräische Volk Gottes Bundesnation, -stadt und -volk sind – aber dennoch von Israel fordern, das von Gott zugesprochene Land aufzugeben, um einen Frieden mit den Menschen zu erreichen, deren Plan die Zerstörung des jüdischen Staates ist?

## Die Grenzen vor 1967

Wenn der Antichrist auf der Bühne erscheint, wird er gemäß biblischer Prophetie eine siebenjährige Übereinkunft mit Israel eingehen, diesen „Bund" aber in der Mitte der sieben Jahre brechen (Daniel 9:27). Dann wird er das Land gewinnbringend aufteilen (Daniel 11:39). Die größte Aufteilung während der Trübsalszeit geschieht, wenn der Antichrist Jerusalem in zwei Hälften teilen wird, was das jüdische Volk zur Gefangenschaft in ihrer eigenen Stadt zwingt:

**Und ich versammle alle Nationen nach Jerusalem zum Krieg; und die Stadt wird eingenommen und die Häuser werden geplündert. Und die Frauen werden geschändet. Und die Hälfte der Stadt wird in die Gefangenschaft ausziehen, aber der Rest des Volkes wird nicht aus der Stadt ausgerottet werden.** Sacharja 14:2

Die Betonung liegt hier darauf, dass die Hälfte der Stadt in die Gefangenschaft geht. Vor dem Sechstage-Krieg im Jahre 1967 war Jerusalem in Ostjerusalem und Westjerusalem aufgeteilt. Nach dem Sechstage-Krieg verlor Jordanien die Kontrolle über Jerusalem sowie das gesamte Westufer (die Westbank) des Jordans und das Land wurde Israel zugefügt. Seit 1967 verlangen die Palästinenser nicht nur die Westbank zurückzubekommen (das frühere Judäa und Samaria) sondern sie haben sich zum Ziel gesetzt, Ostjerusalem zur Hauptstadt eines neuen palästinensischen Staates zu machen. Sogar in Washington DC fordern einige mit wenig oder gar keinem Wissen über die biblischen Prophetien oder Gottes Bund, Israel solle sich wieder auf die Grenzen vor 1967 zurückziehen.

Das würde von den Juden die Aufgabe der Klagemauer erfordern, wo jährlich Tausende strenggläubige Juden und Millionen Touristen beten. Wenn heute ein Jude oder Christ beim Beten auf dem Tempelberg erwischt wird, wird diese Person von der muslimischen Polizei abgeführt. Stelle dir vor, die Klagemauer würde vollständig zur islamischen Gebetsmauer, wo weder Juden noch Christen erlaubt würde, an diesem heiligen Ort zu beten! Die Juden müssten auch das Osttor aufgeben, den Garten Gethsemane, den Ölberg, das Kidron-Tal, welche die Hauptattraktionen für Millionen von Christen sind, die das Heilige Land besuchen. Während der Trübsal werden all die oben aufgezählten Stätten vom Antichristen und seinen Armeen eingenommen, die Stadt wird zur Teilung gezwungen und die in der Weststadt lebenden Juden werden in die Gefangenschaft gehen! Würde Israel sich auf die Grenzen von 1967 zurückziehen, wäre es unmöglich, das Land zu verteidigen; denn die Feinde besäßen dann die hohen Berge der Golanhöhen, die Westbank und sogar Jerusalem überblickende Bereiche, von wo aus Raketen abgefeuert werden könnten. Zusätzlich würde es eine unsägliche Gefahr für zehntausend Wohnungen und jüdische Siedlungen bedeuten.

### Gottes Warnung an Führer

Es gibt einen großen Unterschied zwischen der Teilung des Landes während die Juden außerhalb des Landes waren und als sie aus der Gefangenschaft in ihr Land zurückkehrten. In den Jahren von 70 bis 1948 nach Christus war Israel keine Nation, und die Juden hatten keine Heimat. 1900 Jahre lang fielen Jerusalem und Palästina nach hitzigen Kriegen zwischen christlichen und islamischen Reichen oder Nationen mehrfach in andere Hände. Solange die Juden nicht in einem Land waren, wurde keine Nation vor Gottes Gericht gewarnt. Aber sobald Gott Israel ein zweites Mal aus der Gefangenschaft wiederherstellt (Jesaja 11:11) und sie in ihr Land zurück bringt, wird er jeden streng richten, der versucht, das Land nochmals zu teilen.

... dann werde ich alle Nationen versammeln und sie ins Tal Joschafat hinabführen. Und ich werde dort mit ihnen ins Gericht gehen wegen meines Volkes und meines Erbteils Israel, dass sie unter den Nationen zerstreut haben. Und mein Land haben sie geteilt. Joel 4:2

Hesekiel beschreibt die Feinde Israels, und wie sie planen, das Land in zwei Nationen aufzuteilen. Lies Gottes Tadel:

Weil du sagst: Die beiden Nationen und die Länder gehören mir, und ich nehme sie in Besitz, wo doch der HERR dort war; darum, so wahr ich lebe, spricht der Herr, HERR, werde ich an dir handeln nach deinem Zorn und nach deiner Eifersucht, mit denen du aus Hass gegen sie gehandelt hast; und ich werde mich ihnen zu erkennen geben, wenn ich dich gerichtet habe. Und du wirst erkennen, dass ich, der HERR, alle deine Lästerungen gehört habe, die du gegen die Berge Israels ausgesprochen hast, indem du sagtest: Sie liegen verwüstet da, uns sind sie zum Fraß gegeben. Und ihr habt mit eurem Mund gegen mich großgetan und eure Worte gegen mich überreichlich gemacht; ich habe es gehört. So spricht der Herr, HERR: Wie du dich gefreut hast, dass das Land eine Einöde war, so will ich dir tun. Wie du deine Freude hattest an dem Erteil des Hauses Israel, weil es verwüstet war, ebenso werde ich dir tun. Hesekiel 35:10-15

Als die Juden 1948 Israel neu gründeten, Jerusalem als Hauptstadt wieder vereinten und ihr ursprünglich verheißenes Land in den israelischen Grenzen von 1948 einnahmen, stellte Gott sein Versprechen an Abraham und David wieder her. Fordert ein weltliches Oberhaupt die Teilung des Landes, gehen er oder sie geradewegs gegen den Bund an, den Gott mit Seinem eigenen Namen versiegelte!

Unsere Generation unterscheidet sich von jener der letzten 1900 Jahre, in denen Israel aus dem Land vertrieben war, und es unzähligen Nationen erlaubt war, im sogenannten Palästina zu leben. Als das Volk jedoch nach dem Holocaust zurückgebracht wurde und Gott sie als Armee in einem Land von Dörfern ohne Schutzmauern aufrichtete (Hesekiel 38), änderte sich das Spiel.

Fordert jemand öffentlich eine erneute Teilung des Landes in zwei getrennte Nationen, sagt er damit, dass er oder sie nicht an den biblischen Bund mit Abraham glaubt, und diese Person schenkt den Verheißungen Gottes an Abraham, David und den Juden bezüglich der Zukunft Jerusalems keine Beachtung. Mit diesen unbiblischen Forderungen nennt diese Person Gott einen Lügner, denn als Gott diesen Bund aufrichtete, schwor Er es Abraham bei sich Selbst (Hebräer 6:13+14).

Der Allmächtige kann die Aufmerksamkeit der gegen den Bund gerichteten Leiter nur gewinnen, wenn er zulässt, dass ihre eigene Nation in irgendeiner Weise wirtschaftlich betroffen wird. Wenn ein US Präsident oder Führer in der Vergangenheit öffentliche Forderungen an Israel stellte, Land aufzugeben oder sich vom verheißenden Territorium zurückzuziehen, erlebte das Land oft innerhalb von 72 Stunden ein schweres Unwetter, das viel Schaden anrichtete und hohe Reparaturkosten verursachte.

Amerika war immer ein sicherer Hafen für die Juden. Amerika und ihre Verbündeten halfen dabei, im Zweiten Weltkrieg Hitler und die Nazis zu bekämpfen, halfen Holocaust Überlebende zu befreien und bahnten den Weg für die Neugründung von Israel. Seit 1948 vertraute Israel darauf und erhielt von jeder US Regierung Hilfe.

Trotzdem seien heutige und zukünftige Führer gewarnt – die Teilung vom Land des Bundes zu fordern, bedeutet die Worte und Verheißungen an Israel, Jerusalem und die Juden zu verspotten. Diese wurden mit dem Blut von Opfertieren und durch das Blut der Beschneidung der männlichen hebräischen Söhne besiegelt.

Wenn Gott an Seinen Bund mit Israel erinnert, wird Er entweder Gnade oder Gericht freisetzen. Für die ägyptischen Sklavenhalter setzte Gott Gericht frei, doch Seinem Volk gab Er in der Gefangenschaft Gnade und Freiheit, um Ägypten zu verlassen und ins verheißene Land zurückzukehren. Gott weitet nun die Bundesgnade für sein Volk im Land Israel aus, und Er wird schließlich die Heidennationen für die Behandlung Seines Bundesvolkes richten. Der Antichrist wird den Bund bestätigen und ihn dann in der Mitte der siebenjährigen Trübsalszeit brechen (Daniel 9:27). Aber letztendlich wird Zerstörung kommen, denn Gott wird aufstehen und für Jerusalem kämpfen! Gottes Name steht auf dem Spiel – und Er erinnert sich an Seinen Bund.

# 9

# Die Bibel und der Koran – christliche und islamische Prophetie

**Und ich sah: Und siehe, ein weißes Pferd, und der darauf saß, hatte einen Bogen; und ihm wurde ein Siegeskranz gegeben, und er zog aus, siegend und um zu siegen.** Offenbarung 6:2

Christen zitieren besondere Bibelstellen, wenn es um Prophetien der Endzeit geht, und Muslime beziehen sich auf den Koran und die Hadith für ihr Verständnis vom Ende der Zeit. Manchmal benutzen Christen und Muslime die gleichen Schriftstellen, um den letzten Antichristen gemäß christlicher Prophetie oder den letzten Erwarteten zu identifizieren. Dieser offenbare Widerspruch in der Interpretation kann für Christen und Muslime, die sich der jeweils anderen Auslegung bewusst sind, ziemlich verwirrend sein.

Wie bereits in diesem Buch besprochen, führt die Schrift viele Vorhersagen über den Antichristen an, über sein Königreich, sein Friedensabkommen, seine plötzliche Invasion in Jerusalem sowie seinen Angriff auf Israel und das jüdische Volk. Die islamische Hadith offenbart Aufstieg und Regierung des Mahdi. Als Beispiel einer Schriftstelle, die sowohl in der Hadith, als auch in der biblischen Prophetie benutzt wird, kann folgende Stelle der Offenbarung dienen.

## Die vier Reiter

Wie das Buch der Offenbarung sagt, wird der Beginn der siebenjährigen Trübsalszeit eingeleitet, wenn ein rätselhaftes weißes Pferd mit seinem Reiter auf die Weltbühne galoppiert:

**Und ich sah: Und siehe, ein weißes Pferd, und der darauf saß, hatte einen Bogen; und ihm wurde ein Siegeskranz gegeben, und er zog aus, siegend und um zu siegen.** Offenbarung 6:2

Viele biblische Gelehrte bezeichnen diesen Reiter als den Antichristen. Während der Zeit von Johannes, wurden römische Imperatoren und militärische Eroberer in Kutschen mit weißen Pferden gesetzt. So war ein weißes Pferd für einen großen Machthaber oder Heerführer reserviert. Das griechische Wort *toxon* wird für „Bogen" gebraucht, den Bogen eines Kriegers oder Kämpfers. In der Offenbarung gibt es zwei griechische Worte für Krone. Das griechische Wort für „Krone" im obigen Vers ist *stephanos*. Man verwendet es für einen Kranz, der dem Gewinner eines Spieles oder Wettbewerbes auf den Kopf gesetzt wird. Diese Krone wird der Person für den Sieg in einem Wettkampf verliehen.

1993 überraschte mich zu hören, dass Muslime glauben, der Mahdi werde die Weltbühne auf einem weißen Pferd betreten.

**Eindeutig ist dieser Mann der Mahdi, der auf einem weißen Pferd reiten und anhand des Korans (mit Gerechtigkeit) richten wird und der von Menschen mit Zeichen der Niederwerfung auf ihren Stirnen begleitet wird (die Zeichen auf ihren Stirnen kommen vom Gebet, bei dem sie ihren Kopf fünfmal täglich zu Boden neigen).** [1]

**Ich finde den Mahdi in den Büchern der Propheten verzeichnet – beispielsweise sagt das Buch der Offenbarung: „Und ich sah: Und siehe, ein weißes Pferd, und der darauf saß...zog aus siegend und um zu siegen."** [2]

In der Vision von Johannes gibt es zwei verschiedene Reiter auf weißen Pferden. Den Reiter als einer der vier apokalyptischen Reiter (Offenbarung 6:2) und einen Reiter in Offenbarung 19, bekannt als der „König der Könige und Herr aller Herrn" (Offenbarung 19:11, 16). Der erste Reiter (Offenbarung 6:2) ist mit dem Antichristen verbunden, und der Reiter in Kapitel 19 ist Christus selbst. Der Antichrist betritt die Weltbühne auf einem weißen Pferd sieben Jahre bevor Christus auf seinem Pferd erscheint.

Interessanterweise besitzen die meisten islamischen Führer weiße Hengste. Saddam Hussein zeigte sich bei großen Militärparaden oft auf einem weißen Hengst reitend. Mir wurde erzählt, dass auch Muammar al-Gaddafi in Libyen einen besaß und sogar der Sohn von Osama bin Laden habe eigene weiße Hengste und hätte gesagt, er wünsche sich, in der Zukunft ein Friedensvermittler zu sein. Islamische Überlieferungen lehren über das Erscheinen des Mahdis auf einem weißen Pferd und einige islamische Gelehrte glauben, der Reiter auf dem weißen Pferd in Offenbarung 6 sei eine Vorhersage des kommenden Mahdis.

Christliche Gelehrte bemerkten, der Reiter habe zwar einen Bogen, aber keine Pfeile. Einige schließen daraus auf einen versteckten Hinweis, dieser Reiter werde auf dem weißen Pferd in „Frieden" statt mit Kriegsabsichten kommen. Einige beziehen sich auf Daniel 9:27, wo der Antichrist einen siebenjährigen Vertrag oder „Bund" schließt. Dieser Vertrag besiegelt einen falschen Frieden mit Israel und den umgebenden Nationen. Die Bibel zeigt auf: „Im Frieden wird er viele vernichten" (Daniel 8:25; King James Version). Und wenn sie sagen: Friede und Sicherheit, dann kommt ein plötzliches Verderben über sie" (1. Thessalonicher 5:3).

Dieser *Friedens*bund ist mehr ein Abkommen für Israels *Sicherheit* als ein herkömmlicher Friedensvertrag. Das Wort *Frieden* in Daniel 8:25 ist nicht *shalom*, das gewöhnlicher Weise gebrauchte Wort für „Frieden, Segen und Wachstum". Es ist *shalvah*, was „Sicherheit" bedeutet (falsche oder echte), oder, „Dinge ruhig machen". Dieser letzte Weltdiktator wird seine eigenen Gesetze erlassen, um ein falsches Gefühl von Sicherheit zu erzeugen, damit er jene vernichten kann, die ihm entgegenstehen. Das Wort *zerstören* bedeutet im Hebräischen „verderben, ruinieren, sie zerstören." Sollte der Antichrist einen muslimischen Bezug haben, zeigt uns diese Vorhersage einen *Frieden* im islamischen Stil, nicht die Art *Frieden*, den wir im Westen kennen. Wenn Menschen den engen islamischen Gesetzen, der Scharia, folgen, dann gibt es *Sicherheit*. Werden diese Gesetze aber gebrochen, werden die Übertreter bestraft – manchmal mit dem Tode.

Im apokalyptischen Glauben des Islams erwartet man die Unterzeichnung von Friedensverträgen vor der Ankunft des Mahdi.

**Es wird vier Friedensübereinkommen zwischen dir und den Römern geben. Das vierte Übereinkommen wird durch eine Person herbeigeführt, die aus der Nachkommenschaft von Hadhrat Harroon (A. S.) kommen wird, und wird sieben Jahre lang Bestand haben.** [3]

**Mufti A. H. Elias**

**Der Prophet sagt ...: „Er wird das Eigentum teilen und wird die Menschen durch die Sunnah ihres Propheten regieren ... und den Islam auf Erden einführen. Er wird sieben Jahre bleiben, dann sterben, und die Muslime werden über ihm beten."** [4]

**Erzählt von Jabir Ibn Samurah**

(Der Prophet sagt) „Der Mahdi...wird die Erde mit Recht und Gerechtigkeit füllen, so wie sie mit Unterdrückung und Tyrannei gefüllt war, und er wird für sieben Jahre lang regieren." [5]

Erzählt von Abu Said Al-Khudri

Biblische Gelehrte glauben, die kommende Trübsal würde sieben Jahre dauern (Daniel 9:27) und zeitgenössische islamische Gelehrte bestätigen, dass es eine Regierung des Mahdis geben wird, die sieben Jahre dauert.

## Die Enthauptung von Menschen

Jahrhundertelang haben liberale Gelehrte eine Prophetie der Offenbarung kritisiert. Eigentlich würden diese Berufszweifler das Buch der Offenbarung am liebsten auf ein mystisches, seltsames Buch reduzieren, dessen Anwendung nur für das erste Jahrhundert zutrifft. Die kritisierte Prophetie besagt:

Und ich sah Throne, und sie setzten sich darauf, und das Gericht wurde ihnen übergeben; und ich sah die Seelen derer, die um des Zeugnisses Jesu und um des Wortes Gottes willen enthauptet worden waren, und die, welche das Tier und sein Bild nicht angebetet und das Malzeichen nicht an ihre Stirn und an ihre Hand angenommen hatten, und sie wurden lebendig und herrschten mit dem Christus tausend Jahre. Offenbarung 20:4

Diese Schriftstelle weist darauf hin, dass Menschen, die an Jesus Christus glauben, während der letzten sieben Jahre der Trübsal, mit einer Exekution durch Enthauptung rechnen müssen. Im griechischen Text lautet der Satz „Ich sah die Seelen derer, die enthauptet waren", buchstäblich: „Ich sah die Seelen deren, die mit der Axt enthauptet waren." Jahrelang wiesen Kommentatoren des 20. Jahrhunderts darauf hin, dass *zivilisierte* Nationen heute keine Menschen mehr köpften; somit verweise dieser Bezug auf das Römische Weltreich, das während der römischen Verfolgung in den Tagen des Johannes Gläubige abschlachtete. Paulus selbst wurde in Rom enthauptet. Dagegen würden Menschen heute mit Gewehren und Bomben getötet und nicht mit einer Axt oder einem Schwert geköpft.

Seit dem *Krieg gegen den Terror* schaut die ganze Welt schockiert fanatischen Gruppen maskierter Islamisten zu, wie sie ein Urteil gegen unschuldige Männer oder Frauen verlesen und diese dann tatsächlich köpfen. Diese radikale Form der Exekution wird in den Reden Mohammeds im Koran gefördert:

**Haut ihnen mit dem Schwert auf den Nacken und schlagt ihnen jeden Finger ab!** ... **Das wird ihre Strafe dafür sein, dass sie gegen Allah und seinen Gesandten Opposition getrieben haben.**[6] Sure 8:12+13 (Shakir)

**... dann greift sie und tötet sie, wo immer ihr sie findet ...** Sure 4:89

**Wenn ihr auf einem Feldzug mit den Ungläubigen zusammentrefft, dann haut ihnen mit dem Schwert auf den Nacken. Wenn ihr sie schließlich vollständig niedergekämpft habt, dann legt sie in Fesseln.**
Sure 47:4 (N. J. Dawood)

Als einige Militärangehörige der Vereinigten Staaten gedemütigte Männer im irakischen Gefängnis *Abu Ghuraib* fotografierten, geriet praktisch jeder islamische Führer der Region in Rage und arabischsprachigen Zeitungen und Journalisten vereinten sich, die amerikanischen Soldaten zu verurteilen und eine Bestrafung für jene zu fordern, die diese mutmaßlichen Terroristen erniedrigt hatten.

Jedoch war die gleiche islamische Welt seltsam ruhig, als in Zeitungen und im Internet grausame und blutige Bilder von Fanatikern erschienen, wie sie westliche Geschäftsleute im Irak enthaupteten. Warum wurden dieselben Führer, die anlässlich der Geschehnisse im Gefängnis *Abu Ghraib* wütend wurden, plötzlich still, als sie unschuldige enthauptete Opfer des islamischen Fanatismus sahen? – Weil der Islam an Enthauptung nicht nur glaubt, sondern auch viele der großen muslimischen Nationen diese praktizieren.

Die einzige Religion auf der Erde, deren heiliges Buch und deren Überlieferungen dies befürwortet, und die Enthauptungen vollzieht, ist die des Islams. Das ist einer der vielen Gründe, warum ich glaube, dass der letzte Weltdiktator, welcher in der Bibel als Antichrist beschrieben wird, keinen jüdischen, sondern einen islamischen Bezug hat.

## Veränderungen der Gesetze und des Kalenders

Was würde sich unter islamischer Herrschaft als Erstes verändern, nachdem ein islamischer Führer die islamische Welt vereint und die umliegenden heidnischen Nationen an sich gerissen hätte? Die ersten Änderungen eines islamischen *Messias* beträfen die Gesetze bezüglich Religion und Anbetung. Auf diese Veränderungen wird in Daniel 7:25 hingewiesen:

**Und er wird Worte reden gegen den Höchsten und wird die Heiligen des Höchsten aufreiben; und er wird danach trachten, Festzeiten und Gesetz zu ändern, und sie werden in seine Hand gegeben werden für eine Zeit und zwei Zeiten und eine halbe Zeit.**

Muslime nennen Gott *Allah*. Sie benutzen nicht den hebräischen Namen *Jahwe* des Gottes Abrahams, Isaaks und Jakobs. Der zukünftige islamische Diktator wird große Worte gegen den hebräischen Gott aussprechen (Daniel 7:25; Offenbarung 13:6). Muslime betrachten Allah als denselben

Gott von Abraham, Isaak und Ismael, doch der arabische Name *Allah* war kein Name, der erst Mohammed offenbart wurde. Dieser Name existierte schon vor den Zeiten des Islams.

Der Antichrist wird die Zeiten verändern. Das Wort *Zeiten* kann auf die Veränderung des *Jahres* oder des *Kalenders* hinweisen. Jeder weltweit herrschende islamische Führer würde damit beginnen, die „Zeiten" auf drei Arten anzupassen:

1. *Durch Anpassung der heidnischen und jüdischen Kalender an den islamischen Kalender.* Der Islam benutzt einen anderen Kalender, als die westlichen Nationen. Die meisten heidnischen Länder, besonders jene, die mit der westlichen Kultur vertraut sind, benutzen einen Sonnenkalender, welcher die Zeitrechnung vor und nach Christi Geburt unterscheidet. Für den Westen bezeichnet das Jahr 1979, dass seit Christi Geburt 1.979 Jahre vergangen sind. Der islamische Kalender begann im Jahr 622 nach Christus, deshalb wird die Zeit für Muslime von 622 an vorwärts gezählt. 1979, während der iranischen Revolution, erreichte der islamische Kalender das 1.400ste Jahr. Nach einem letzten weltweiten Sieg eines islamischen Führers würden alle Nationen gezwungen, einem islamischen statt einem christlichen oder jüdischen Kalender zu folgen.

2. *Durch Veränderung des Jahres von 365,25 Tagen auf jährlich 354 oder 355 Tage.* Der Westen (und die meisten modernen Nationen) benutzen den Sonnenkalender der 365,25 Tage für ein komplettes Sonnenjahr enthält. Der islamische Kalender ist ein Mondkalender, in dem 354 oder 355 Tage ein vollständiges islamisches Jahr bilden.

3. *Durch Verschiebung des Anbetungstages auf Freitag
– den islamischen Anbetungstag.* Hindus beten am
Donnerstag an, Muslime am Freitag, Juden am Samstag
und Christen aus den Heiden traditionell am Sonntag.
Unter islamischer Herrschaft wird nur ein Tag, nämlich
der Freitag festgesetzt, um Allah anzubeten.

Diese Macht zur Veränderung von *Zeiten* und *Gesetzen*
besteht für eine „Zeit (ein Jahr), Zeiten (zwei Jahre), und der
Teilung einer Zeit (ein halbes Jahr)", was insgesamt 42 Monate
ergibt (Daniel 7:25; 12:7, Offenbarung 12:14).

Interessanterweise sagt Daniel 7:25 über den Antichristen,
er würde Zeiten *und Gesetze* verändern. Obwohl dieses sich
auf das Gesetz Mose in der Torah beziehen könnte, mag das
aramäische Wort *dath* in diesem Zusammenhang auch auf
religiöse Gesetze hinweisen. Diese Auslegung stimmt mit
dem religiösen Plan eines weltweiten islamischen Führers
überein. Den muslimischen Überlieferungen gemäß, wird die
Zeit kommen, in der die ganze Welt zur islamischen Religion
konvertieren und keine andere Religion mehr ausgeübt werden
wird.

Nach islamischer Vorgabe gibt es vier Hauptveränderungen,
die ein neues islamisches Reich initiieren wird:

1. *Erzwungene Bekehrung oder Tod.* In Nationen wie dem
Sudan und Teilen Nigerias dringen heute bewaffnete
muslimische Krieger in Dörfer ein und lassen das
ganze Dorf zusammenkommen. Jene, die zum Islam
übertreten, werden verschont. Um Angst zu schüren,
werden jene getötet, die es nicht tun. Oft werden
die Männer getötet, die Frauen und Töchter werden

vergewaltigt, doch die Kinder werden mitgenommen und zu Muslimen erzogen. In Indonesien wurden mehr als 8.000 Christen gezwungen, entweder zum Islam zu konvertieren oder dem Tod ins Auge zu sehen. Die Zeitschrift *Voice of Martyrs* dokumentiert oft die weltweite Verfolgung der Christen.

2. *Zerstörung von Kirchen und Synagogen.* Indonesien ist mit 240 Millionen Einwohnern die größte islamische Nation der Welt. Obwohl der Präsident ein moderater muslimischer Führer ist, haben radikale Muslime – Dschihad-Kämpfer – in zwei Jahren mehr als 10.000 Christen getötet. Seit 1995 wurden mindestens 600 Kirchen in Brand gesetzt, zerbombt oder zerstört. Obwohl viele moderate Muslime jahrelang gut mit den Christen zurechtkamen, ist das Erstarken der Fanatiker eine ernsthafte Bedrohung für die Stabilität vieler asiatischer Nationen, einschließlich Indonesiens. [7]

3. *Gefangennahme und Umerziehung der Jugend.* Wenn christliche Jugendliche in Gefangenschaft geraten, werden sie gezwungen zu konvertieren, oder sie werden versklavt. Falls sie konvertieren, werden sie auf islamische Schulen gebracht, wo sie im Koran und muslimischen Lehren unterrichtet werden. Während die Bibel, also das hauptsächliche und grundlegende Buch der amerikanischen Verfassungsdokumente, aus den öffentlichen Schulen Amerikas verbannt wurde, wird der Koran in islamischen Ländern in den Schulsystemen gelehrt, sobald ein Kind lesen kann. Muslimen ist klar: Um die nächste Generation zu gewinnen, muss man bei der Jugend anfangen.

4. *Verbreitung der Botschaft in neue Gebiete.* Der Islam sendet Neubekehrte in andere Nationen, um dort die islamische Botschaft zu verkünden. Diese missionarische Arbeit wird mit vielen Millionen Dollar aus islamischen Ländern unterstützt. Saudi Arabien tut sich dabei besonders hervor und hat für Organisationen mehr als 50 Millionen Dollar bereitgestellt, um damit Amerika für den Islam zu „evangelisieren". Seit Mitte der 1970er Jahre haben die Saudis etwa 95 Milliarden Dollar weit gestreut ausgegeben, um den Wahhabismus (Eine sektiererische Form des Islams und saudische Staatsreligion. Sie drückt eine hauptsächliche theologische Komponente des Islamismus aus: Die totalitäre Ideologie, welche den weltweiten Dschihadismus und Terrorismus lenkt.) in die ganze Welt zu exportieren – und es gibt kein Anzeichen abnehmender Aktivität bei dieser missionarischen Arbeit.[8]

Jede Religion hat das Recht, ihre Botschaft den Menschen kundzutun und anschließend die Menschen selber wählen zu lassen, was sie glauben möchten. Dies ist die generelle Methode wie die christliche Botschaft präsentiert wird. Pastoren predigen eine evangelistische Botschaft und schließen mit einem Altarruf. Wahres Christentum zwingt niemals irgendjemanden zu konvertieren. Aber fanatischen Muslimen gegenüber gibt es keine Möglichkeit, den Koran oder die Lehren ihres Propheten zurückzuweisen – denn Ablehnung führt dort zum Tod. Die folgende Erklärung über *Abtrünnigkeit* schildert auch die Konsequenzen für Abtrünnige.

**Abtrünnigkeit (irtidad) ist die Tat, sich vom vormals angenommenen Islam abzuwenden. Das schließt die Ablehnung von tawhid und nubuwwa und der Grundlagen des Islams mit ein (zum Beispiel, dass der Koran ein Buch Gottes sei). Es gibt zwei Arten von murtad: fitri**

**und milli. Ein Fitri Murtad ist einer, der von muslimischen Eltern geboren wurde (oder wenigstens einem Elternteil) und dann den Islam ablehnt. Falls er den Islam ablehnt, dann muss er entsprechend der Fatwa unserer Maraji (einschließlich Ayatullahs al-Khu'i und Khumanyni) getötet werden. Ein Milli Murtad ist jemand, der konvertiert ist und dann den Islam ablehnt – ihm sollen drei Tage zur Buße gegeben werden, um den Islam wieder anzunehmen. Falls er dies nicht am vierten Tag tut, muss er getötet werden.[9]**

Hass gegenüber Israel, dem Westen, den Juden sowie den Christen ist ein gemeinsamer roter Faden bei fanatischen Gemeinschaften. In moderaten islamischen Ländern wie Jordanien, haben Christen begrenzte Freiheiten. Weltliche Muslime werden oft von den verdrehten Ansichten anderer Muslime zurückgestoßen. Viele Muslime vom schiitischen Zweig des Islams aber machen Amerika für die Neugeburt Israels verantwortlich und lehnen die amerikanische Hilfe für den jüdischen Staat ab. Sie denken sich, wenn sie Israel nicht schlagen können, schlagen sie stattdessen Amerika von innen heraus als Strafe für die Unterstützung Israels.

### Das Königreich der Verfolgung

Das Königreich des Tieres wird eine Zeit der größten jemals da gewesenen Verfolgung von Juden und denen, die zum Christentum konvertieren. Dies wird zur höchsten Anzahl religiöser Märtyrer in der Geschichte führen (Offenbarung 6:9-11). Zahlreiche Prophetien sprechen über diese Zeit:

**Aber Gerüchte von Osten und von Norden her werden ihn erschrecken; und er wird mit großem Zorn ausziehen, um viele zu vernichten und an ihnen den Bann zu vollstrecken.** Daniel 11:44

Die Bezeichnung „den Bann vollstrecken" bedeutet bis zum Äußersten töten und zerstören. Laut hebräischem Wörterbuch bedeutet es, aus religiösen Gründen absondern und verbannen. Die Wut des Tieres wird durch die Behandlung der Juden deutlich.

**Und seine Macht wird stark sein, jedoch nicht durch seine eigene Macht; und er wird entsetzliches Verderben anrichten und wird erfolgreich sein und handeln. Und er wird die Starken und das Volk der Heiligen vernichten.** Daniel 8:24

Der Begriff „Volk der Heiligen" deutet auf das jüdische Volk, welches in Israel lebt. Bemerke, was die Prophetie besagt „nicht durch seine eigene Macht", denn der Antichrist bezieht seine Macht und Autorität vom Satan.

**Und das Tier, das ich sah, war gleich einem Panther und seine Füße wie die eines Bären und sein Maul wie eines Löwen Maul. Und der Drache gab ihm seine Kraft und seinen Thron und große Macht.**

Offenbarung 13:2

Über die letzten 42 Monate des Königreiches des Tieres, informiert uns Daniel:

**Und in jener Zeit wird Michael auftreten, der große Fürst, der für die Söhne deines Volkes eintritt. Und es wird eine Zeit der Bedrängnis sein, wie sie noch nie gewesen ist, seitdem irgendeine Nation entstand bis zu jener Zeit.** Daniel 12:1

Jesus beschreibt die gleichen Umwälzungen der Menschheit in Matthäus 24:21 als die „große Bedrängnis." Die Kriege, Zerstörungen und Verluste an Leben werden so groß sein, dass ohne göttliches Eingreifen (die Rückkehr Christi) die gesamte Menschenrasse in Gefahr stehen würde unterzugehen.

167

Denn dann wird große Bedrängnis sein, wie sie von Anfang der Welt bis jetzt nicht gewesen ist und auch nie sein wird. Und wenn jene Tage nicht verkürzt würden, so würde kein Fleisch gerettet werden; aber um der Auserwählten willen werden jene Tage verkürzt werden.

Matthäus 24:21+22

Der Apostel Paulus spricht ebenfalls über diese Leidenszeit und sagt voraus:

Wenn sie sagen: Friede und Sicherheit!, dann kommt ein plötzliches Verderben über sie, wie die Geburtswehen über die Schwangere; und sie werden nicht entfliehen.

1. Thessalonicher 5:3

Der siebenjährige Friedensvertrag wird ein falsches Sicherheitsgefühl hervorrufen, wenn die heidnischen Nationen und Israel *„Endlich, Frieden und Sicherheit!"* verkünden. Plötzlich werden die Armeen des Tieres in Nordafrika einfallen und den Suezkanal kontrollieren. Seine Soldaten des Dschihads werden in die reichen Ölnationen des Persischen Golfes ein-dringen und das schwarze Gold der arabischen Wüsten an sich reißen. Nach dem Krieg von Gog und Magog (Hesekiel 38 und 39) wird Israel gezwungen werden, sich zu entwaffnen, und deshalb gegenüber den Streitkräften des Antichristen schutzlos sein. Der Antichrist wird die palästinensische Sache benutzen, um große Aufstände in den Straßen innerhalb Israels anzuzetteln, was zur Übernahme von Ostjerusalem führt. Wie in Daniel 11:45 aufgezeigt, wird er seine Kommandozentrale in Jerusalem einrichten:

Und er wird seine Königszelte aufschlagen zwischen dem Meer (nach King James: zwischen den Meeren) und dem Berg der heiligen Zierde. Dann wird er an sein Ende kommen, und niemand wird ihm helfen.

Gelehrte deuten an, „der Berg der heiligen Zierde" sei tatsächlich Jerusalem oder der Tempelberg, der ursprüngliche Standort der zwei frühen jüdischen Tempel. Das Wort *Meere* (Mehrzahl) verweist auf das Tote Meer und das Mittelmeer. (Jerusalem liegt zwischen diesen beiden Meeren). Die folgende Schriftstelle in Daniel sagt: „Denn dann wird große Bedrängnis sein (bezogen auf die große Bedrängnis – Matthäus 24:21)" (Daniel 12:1). Zu dieser Zeit werden sich die Worte von Daniel 11:39 erfüllen: „Er wird ... teilen das Land für nichts." Den Palästinensern wird das von ihnen geforderte Land gegeben werden. Dann werden die Vorhersagen aus dem Koran und der Hadith Realität. Den Muslimen wird erlaubt sein, „die Schweine (Juden) zu töten und das Kreuz (alles, was das Christentum repräsentiert) zu zerstören."

Dieser eine Mann wird sich mit aller Macht gegen die Juden wenden. Jeder, der während dieser Zeit Christus empfängt, wird auf die Todesliste des Antichristen gesetzt. Glücklicherweise wird diese Bedrängnis nur 42 Monate dauern. Sie wird durch die Rückkehr des Messias Jesus Christus beendet werden.

Der Friedensvertrag mit Israel wird für eine prophetische Woche unterzeichnet werden, was sieben Jahren entspricht (Daniel 9:27). Der Antichrist und seine Armeen werden in Jerusalem in der Mitte der sieben Jahre, bekannt als die Hälfte der Bedrängnis (siehe Offenbarung Kapitel 11 und 13), einmarschieren. Während der zweiten Hälfte der sieben Jahre, wird der Antichrist von Jerusalem aus regieren und schließlich durch Christus geschlagen werden, der am Ende der sieben Jahre zurückkehrt (Offenbarung 19:11-16). Wenn das Tier während der letzten 42 Monate in Jerusalem leben wird, wo wird aber sein Regierungssitz in den ersten 42 Monaten sein? Das werden wir im nächsten Kapitel herausfinden.

# 10

# Die zukünftige Kommandozentrale des Antichristen im Irak

Und ich werde mich gegen sie erheben, spricht der HERR der Heerscharen, und werde von Babel ausrotten Namen und Rest und Spross und Nachkommen, spricht der HERR. Jesaja 14:22

Saddam Hussein, den der Westen den *Schlächter von Bagdad* nannte, ergriff im Juli 1979 die Kontrolle über den Irak. Als Mitglied der Baath-Partei war Saddams Vision für den Irak Stärke und Größe. Sich der historischen Bedeutung völlig bewusst, setzte Saddam Pläne in Bewegung, um die antike Stadt Babylon wieder aufzubauen, die weltweit größte Moschee zu errichten, durch die der Fluss Euphrat fließen sollte, und schließlich wollte er Führer eines neuen islamischen Halbmondes werden, wobei er Israel als krönende Beute betrachtete. Ein langer Krieg mit dem Iran ließ viele seiner Pläne zerplatzen. Zuvor hatte Saddam aber bereits Millionen Dollar ausgegeben, um Bauwerke in der Region des antiken Babylons wieder erstehen zu lassen. [1]

## Das Geheimnis des antiken Babylons

Nach der Flut zu Zeiten Noahs begannen die Menschen, Städte in den Ebenen und Tälern neu aufzubauen. Eine der ersten Städte unter vielen war Babel, erbaut durch Nimrod, dem Sohn von Ham und Enkelsohn Noahs (1. Mose 10:1-10). Laut Josephus wurde Babel in den Ebenen von Schinar als

171

eine Rebellionshandlung gegen Gott erbaut, weil Er die Flut geschickt und die Erde zerstört hatte. Nimrod begann, einen hohen Turm zu errichten. Er hatte die Absicht, ihn so hoch werden zu lassen, dass keine Flut die Spitze mehr erreichen könnte. Josephus deutet weiter an, Gott habe den Turm durch einen starken Wind zerstört. [2] Dieser wurde der Turm zu *Babel* genannt, was mit „Verwirrung" übersetzt werden kann und sich auf das Ereignis bezieht, als Gott die Menschen durch die Verwirrung ihrer Sprache auseinander trieb.

Das heutige Gebiet des Iraks kannte man in der frühen Geschichte als Mesopotamien. Der nächste Bezug auf die Ebenen von Schinar findet sich während der Zeit von Abraham, als ein Krieg zwischen fünf Königen in Kanaan und vier Königen von Mesopotamien, die von Amrafel, dem König von Schinar angeführt wurden, wütete (1. Mose 14:1). Die drei anderen mit Amrafel verbündeten Könige werden in 1. Mose 14 aufgezählt:

- Kedor-Laomer, König von Elam
  – dem heutigen Persien oder der Irak

- Tidal, der König von Gojiim
  – ein König über heidnische Stämme

- Arjoch, König von Ellasar
  – eine Stadt in der Nähe von Ur in Mesopotamien

Diese vier Könige regierten im Bereich des heutigen Syriens und Iraks. Abraham, der Vater der Hebräer, trat in den Krieg gegen diese vier Könige ein und forderte die während des Krieges eingenommen Besitztümer wieder zurück. Aus dem Krieg siegreich hervorgegangen, wandte sich Abraham nach Jerusalem. Dort traf er auf Melchisedek, den ersten Priester Gottes (1. Mose 14).

In Abrahams erstem Krieg standen ihm Könige aus der selben Gegend entgegen, in der sich auch heute Israels schlimmste Feinde aufhalten. Seit 1979 sind die Länder Syrien und Iran die führende Opposition – gegen die Juden, gegen die Neugründung Israels, gegen die Wiedervereinigung Jerusalems und gegen die Rückkehr der Juden in ihr angestammtes Land. Ebenso wie die Könige aus der Gegend um das antike Babylonien ihren ersten Krieg mit dem Vater der hebräischen Nation begannen, wird der zukünftige islamische König eines neuen Babylons die Mutter aller Kriege anzetteln, mit dem Höhepunkt im Tal von Megiddo, im Herzen Israels (Offenbarung 16:16).

Das babylonische Gebiet im prophetischen Buch Daniel wird als Nächstes erwähnt. Zu dieser Zeit war Babylon nicht einfach nur eine am Euphrat erbaute Stadt, sondern es war zu einem mächtigen Königreich aufgestiegen, herrschte über Mesopotamien und dehnte seine Herrschaft aus, indem es Israel und Jerusalem einnahm. Tausende Juden wurden für 70 Jahre in die Gefangenschaft nach Babylon geführt, einschließlich des Propheten Daniel. Die babylonischen Armeen zerstörten den Tempel Salomos, beschlagnahmten die unschätzbar wertvollen goldenen und silbernen Gefäße und brachten sie in das Schatzhaus der babylonischen Götter (Jeremia 52).

Das antike Babylon (das Gebiet des heutigen Iraks) wurde schließlich um 546 vor Christus von den Armeen der Meder und Perser eingenommen. Viele Jahre später, unter Alexander dem Großen, überwand das Griechische Weltreich die Perser, nahm Besitz von Babylon und dehnte seine umfassende Herrschaft in weitere Länder aus. Nach den Griechen formierte sich das Römische Weltreich und wurde schließlich zum vierten Reich aus Daniels Prophetien (Daniel 2:40; 7:23).

Hunderte Jahre später, im siebten Jahrhundert, besetzten die Araber das Land Schinar und errichteten an den Ufern des Euphrats die Hauptsitze der verschiedenen Zweige des Islams. 637 nach Christus besiegten die Araber die persische Armee und gründeten das erste Arabische Reich in Mesopotamien. Die erste arabische Regierung wurde das *Umayyadische Kalifat* genannt, und verschiedene Kalifate folgten. Im Jahre 750 kam das Herrschergeschlecht der *Abbasiden* an die Macht.

## Die Araber nehmen Babylon ein

Während der gesamten Geschichte wurde das babylonische Gebiet von den Sumerern, Assyrern, Chaldäern, Persern und Griechen besetzt, aber niemals von den Arabern. Eine Prophetie im Buch Jesaja deutet an, die Araber würden dort ansässig sein, aber nach der babylonischen Zerstörung nicht länger dort leben.

**So wird es Babel, der Zierde der Königreiche, der stolzen Pracht der Chaldäer, ergehen wie nach der Umkehrung von Sodom und Gomorra durch Gott. Nie mehr wird es bewohnt sein, und es bleibt unbesiedelt von Generation zu Generation. Und der Araber wird dort nicht zelten, und Hirten werden ihre Herden dort nicht lagern lassen.**

Jesaja 13:19-20

Diese Prophetie über die Zerstörung muss auf die Gegenwart deuten, denn die Araber haben ihre Zelte dort bis 637 nach Christus nicht aufgeschlagen. Zwischen 661 und 750 besiegten die Araber Babylonien und die Stadt Al-Kufa, welche in der Nähe der Ruinen des antiken Babylons lag. Diese Stadt wurde zur Hauptstadt des Iraks und der Hauptsitz der Dynastie der Umayyaden. Zwischen 744 und 759 verlegte der islamische Kalif Marwan II ibn Muhammad seinen Sitz nach Haran im

Irak. Fanatische Kalifen begann 717 die in und um Babylon wohnenden Juden zu verfolgen. In der gesamten islamischen Geschichte hing das Schicksal der Juden oft von dem jeweiligen dort herrschenden islamischen Machthaber ab.

Der islamische Kalif Al-Mutawakkil, ein religiöser Fanatiker, verlangte im Jahr 850 von den Juden, eine gelbe Kopfbedeckung zu tragen. Die Armen und jene, die als Diener der Araber arbeiteten, hatten einen gelben Flicken auf ihrer Kleidung, entweder auf ihrer Brust oder auf ihrem Rücken. Während der frühen Jahrhunderte des Islams wurden Juden und Christen oftmals gezwungen, Kleidung mit gelben Flicken zu tragen, um sie zu kennzeichnen. In den meisten Fällen wurden Juden und Christen mit hohen Steuern belegt.

Klar erkennbar haben die Ebenen von Schinar, der Turm zu Babel, die Stadt Babylon und das Königreich der Babylonier eine große Rolle in der biblischen Geschichte und Prophetie gespielt. Der Irak und die Stadt Bagdad haben dem Islam seit den Anfängen dieser Religion als Hauptsitz der Kalifen gedient.

## Das neue Babylon – erhoben aus der Asche

Der letzte große Krieg unter Beteiligung Israels und seiner Feinde wird mit einem zukünftigen König des Iraks ausgetragen werden. Prophetisch gesehen wird dieser der König eines neuen Babylons sein. Am 11. Oktober 1990 schrieb die *New York Times International*:

**Unter Saddam Hussein hat sich eine der antiken und weltweit legendärsten Städte neu erhoben. Das neue Babylon hat sich nicht nur einer archäologischen Unternehmung gewidmet, sondern sich selbstbewusst der Idee verschrieben, dass Nebukadnezar in Hussein**

175

**einen Nachfolger habe, dessen militärische Tapferkeit und Vision den Irakern die Herrlichkeit zurückgeben werde, welche ihre Vorfahren hatten, als alles von dem, was heute Irak, Syrien, Libanon, Jordanien, Kuwait und Israel ist, unter babylonischer Herrschaft war.**[3]

König Nebukadnezar hinterließ für die Zukunft Babylons Anweisungen auf Keilschrift-Tafeln. Vor 2.500 Jahren wiesen die Schreiber dieser Tontafeln die Finder an, die Tempel und Paläste wieder aufzubauen. Ihre Botschaft war für Saddam Hussein so eindeutig, dass er während dieses Aufbauprojektes Ziegel verwandte, die mit seinem Bild und dem des alten Königs Nebukadnezar geprägt waren.

Der irakische Archäologe Shafqa Muhammad Jaafar sagte: *„Weil Babylon im Altertum erbaut wurde und eine große Stadt war, muss es zur Zeit unseres großen Führers Saddam Hussein wieder zu einer großen Stadt werden."*[4]

Laut Paul Lewis von der *New York Times* bestand Saddams Motivation, Babylon wieder aufzubauen, darin, den irakischen Nationalismus zu stärken, indem auf die Geschichte verwiesen wird. Dies zeige Saddam in den Augen seines Volkes als den neuen Nebukadnezar, also als einen Führer, der während seiner Regierungszeit schließlich die ganze Welt einnehmen würde.[5]

Saddam gab 100 Millionen Dollar aus und ließ Tausende Arbeiter 60 Millionen Ziegelsteine für die Mauern eines neuen Babylons verlegen. In der Mauer befindet sich alle 1,80 Meter ein Stein mit folgender arabischer Inschrift: *„Das Babylon von Nebukadnezar wurde während der Zeit von Saddam Hussein wieder erbaut."*[6] Als Tore, Mauern und Paläste aus 60 Millionen Steinen erstellt waren, fand im Jahr 1988 das jüngste babylonische Fest statt. Der Krieg mit dem Iran hatte dem Irak viel abverlangt und das Bauprogramm kam zum Stillstand.

Stattdessen verwendete Saddam nun hunderte Millionen Dollar für den Bau seiner aufwändigen, im ganzen Land verteilten Paläste.

Saddams Einmarsch in Kuwait geschah nicht wegen der dortigen Ölreserven. Der Irak verfügt über große Teile des weltweiten Ölvorkommens. Das *geistliche* Motiv war, das Land einzunehmen, welches einst zum frühen Babylon gehört hatte. Es hätte dem Irak auch zu einer dringend benötigten Küstenlinie verholfen. Ebenso erinnern sich die Iraker ständig an die Größe *Babylons*. In den frühen 1990er Jahren baute Saddam ein Supergeschütz mit einem Kaliber von 40 cm und einer Länge von 52 m. Die Kanone wurde getestet und setzte einen Weltrekord, als sie ein Projektil 180 km weit schoss. Die Iraker verliehen der Superwaffe den Codenamen *Baby Babylon*.

Eine zweite Waffe war im Bau, als sie von Spezialagenten entdeckt wurde. Sie hatte ein 100 cm Rohr und war 156 m lang; ihre potenzielle Reichweite wurde auf mehrere hundert Kilometer geschätzt. Diese größere Waffe wurde *Big Babylon* genannt![7]

## Saddam Husseins Niedergang

Saddam Hussein, der *Schlächter von Bagdad*, starb am Galgen in eben dem Land, das er selbst regierte. So wie bei Hitler und anderen bösen Diktatoren vor ihm, fand Saddams Herrschaft ein abruptes Ende. Er wird niemals der Führer eines neuen islamischen Halbmonds noch König eines neuen Babylons werden. Doch in der Zukunft, unter einer neuen und anderen Führung, könnte sich das antike Land Schinar (Irak) durch den Reichtum seiner Ölquellen wieder ausbreiten, und abermals zu einer starken Nation aufgebaut werden.

Die Bibel sagt eine Zeit des falschen Friedens voraus. Dieser Friede muss Israel und seine arabisch-muslimischen Nachbarn einbeziehen. Dann wird sich der Führer einer neuen islamischen Republik aus dieser Region erheben – ein Muslim, der zunächst von der islamischen Welt begrüßt werden, doch am Ende der grausamste und blutrünstigste Mensch sein wird, der jemals auf der Erde lebte.

Wie Paulus in 2. Thessalonicher 2:1-10 sagt, wird das Erscheinen dieses Mannes jetzt noch zurückgehalten; eines Tages aber wird sein wahres Wesen offenbar werden.

## Der Irak wird zum Regierungssitz des Tieres

Der moderne Irak war einst das Zentrum des antiken Babylonischen Weltreiches. Bagdad diente verschiedenen islamischen Dynastien als Regierungssitz und Ausgangspunkt für Eroberungen. Der schiitische Zweig des Islams braucht heute einen Regierungssitz. Ich glaube, der Irak wird zukünftig zum Zentrum der schiitischen Muslime, die dieses prophetische Territorium beanspruchen werden. Vor dem Irak-Krieg im Jahre 2002 schrieb ich, dass die neue Regierung eine schiitische Regierung sein würde. Dem Irak kommt Bedeutung zu, da der Antichrist bis zur Mitte der siebenjährigen Zeitperiode Israel nicht einnehmen wird. Er wird in einer anderen Nation leben und von dort aus herrschen, bevor er sich gegen Israel wenden wird. Dem Propheten Daniel wurde gesagt: *„Er (der Antichrist) wird hinaufziehen und mit wenig Volk Macht gewinnen."* (Daniel 11:23) Seine Autorität wird durch das Symbol eines *kleinen Hornes* dargestellt (Daniel 7:8). Während seiner ersten 42-monatigen Regierungszeit wird er kaum bekannt und kein mächtiger Führer sein (etwa wie ein gewählter EU-Beamter) und eine kleine Anzahl von Menschen befehligen. Er wird seine Macht durch Betrug und dämonische Kraft erhalten (Offenbarung 13:1-5).

Ein weiterer Hinweis auf die besondere Rolle des Iraks in diesem prophetischen Endzeitkonflikt findet sich im Buch der Offenbarung. Johannes spricht von Aktivitäten, die mit dem Euphrat verbunden sind und einer gewaltigen 200 Millionen Mann starken Armee, die den Euphrat überqueren und durch den Irak marschieren wird.

## Die Euphrat-Verbindung

Die Flüsse Euphrat und Tigris trennen den Iran vom Irak. Der Euphrat entspringt in der Türkei, in der Nähe vom Berg Ararat. Er fließt durch die Türkei, Syrien und den Irak und mündet nach 2.700 km im Persischen Golf. Der Euphrat bildete die Ostgrenze des Römischen Weltreiches. In den apokalyptischen Prophetien, die sich auf die letzten Tage der Herrschaft des Tieres beziehen, wird nur dieser Fluss namentlich erwähnt.

Die Bibel berichtet von mächtigen Geistern, die schon vor Zeiten unter dem Strom Euphrat eingesperrt wurden, aber während der großen Bedrängnis freigelassen werden:

**... zu dem sechsten Engel, der die Posaune hatte, sagen: Löse die vier Engel, die an dem großen Strom Euphrat gebunden sind. Und die vier Engel wurden losgebunden, die auf Stunde und Tag und Monat und Jahr gerüstet waren, den dritten Teil der Menschen zu töten.**

Offenbarung 9:14-15

Diese bösen Engel werden sich erheben und eine riesige Armee von 200 Millionen Soldaten anführen, um in nur 13 Monaten ein Drittel der Menschheit abzuschlachten (Offenbarung 9:13-19). Persönlich sehe ich in diesen Engeln dieselben alten geistlichen Fürsten (in Epheser 6:12 „Mächtige" genannt), die einst in den prophetischen Weltreichen herrschten. Diese sind der Geist von Babylon, der Geist der Meder und der Perser (Daniel 10:13) und der Fürst über Griechenland (Vers 20). Die oben genannten Weltreiche herrschten alle vom antiken Babylon aus, und jedes Königreich wurde laut Daniel 10 von einem starken dämonischen Geist beherrscht, der die Atmosphäre über dem Königreich bestimmte.

Später, fast am Ende der Trübsalszeit, wird der Euphrat austrocknen, und so den Weg für eine riesige, von den Königen des Ostens angeführte Armee freigeben:

**Und der sechste goss seine Schale aus auf den großen Strom Euphrat; und sein Wasser vertrocknete, damit der Weg der Könige von Sonnenaufgang her bereitet wurde.** Offenbarung 16:12

Johannes zeigt in der Offenbarung auf, dass schwere Dürren und Hungersnöte diesem Ereignis vorangehen werden (Offenbarung 6:8; 11:6). Während der Trockenheit mag der Wasserstand des Euphrats auf nur 60 cm fallen. Die Türkei hat einige große Dämme gebaut, die das Wasser des Euphrats wie bei einem Wasserhahn abstellen können. Warum ist die Betonung des Euphrats so wichtig? Weil das frühe Babylon entlang dieses Stromes errichtet wurde und Bagdad, die Hauptstadt des Iraks, nahe am Tigris liegt, nicht weit vom Euphrat entfernt.

Wenn der Euphrat austrocknet und eine große Armee hindurchmarschiert, kommen sie aus dem Osten, was den Iran, Afghanistan und Pakistan umfasst. Diese Länder beherbergen Millionen von islamischen Radikalen, alle treiben ihre fanatische Form des Islams und ihre strengen radikalen Ansichten voran. Der Antichrist wird „groß ... gegen den Osten" (Daniel 8:9), welches diese oben genannten islamisch kontrollierten Gebiete einschließt.

Aus dem Osten kommende Armeen müssen also durch den Irak marschieren, wenn sie Israel und das Tal von Megiddo erreichen wollen, den Ort der zukünftigen Schlacht von Armageddon (Offenbarung 16:16). Wir dürfen nicht die historische, geistliche und politische Bedeutung der irakischen Nation unterschätzen. Das Land Irak war das einstige Schinar, das Land, auf dem Abraham seinen ersten Krieg austrug. Und es wird das Land sein, aus dem der letzte König aufstehen wird, um die Juden in ihrer Heimat zu schlagen. Hier nun einige wichtige historische Tatsachen über den Irak:

- Hier stand der Turm von Babel.
- Es ist das gleiche Territorium wie das einstige Babylon.
- Sein Gebiet wurde von drei prophetischen Weltreichen regiert.
- Der Irak liegt mitten im 10/40-Fenster.
- Er ist der Hauptsitz der schiitischen Muslime.
- Ali, der Schwiegersohn Mohammeds, wurde hier ermordet.
- Einige glauben, der 12. Imam verschwand im Irak.
- Viele Schiiten glauben, der Mahdi wird hier erscheinen.
- Durch dieses Land fließt der Euphrat.
- Der Irak liegt im Osten von Israel – wo der Antichrist stark sein wird.
- Irak, Syrien, Kuwait und Libanon stellen zusammen das alte Babylon dar.

Die Bedeutung des Irak kann wie folgt zusammengefasst werden: Der Irak war die Wiege der Zivilisation und die Gegend, in der Abraham lebte (in Ur), bevor er ins verheißene Land auswanderte (1. Mose 11:31). Er war die Heimat der vier Könige, gegen die Abraham und seine Knechte kämpften (1. Mose 14:1-8). Hier stand der Turm zu Babel, der Ort der ersten weltumfassenden Religion und der ersten Weltherrschaft (1. Mose 11). Dies war die Region, wo drei große Weltreiche der biblischen Prophetie ihr Königtum errichteten. Der Irak war der Hauptsitz des schiitischen Zweiges des Islams und viele Muslime glauben, dass der 12. Imam hier verschwand und der Mahdi hier wieder erscheinen werde, um die Welt in Besitz zu nehmen und ein islamisches Weltreich zu formen.

Ein zukünftiger irakischer Herrscher muss gar nicht erst damit fortfahren, die alten Ruinen Babylons wieder aufzubauen. Der *Geist von Babylon* wird während der Trübsal freigelassen werden und in den Herzen des Tieres und seiner zehn Könige wirken. Dieses neue Babylon wird schließlich aus dem Irak, Syrien und dem Libanon bestehen und aus religiöser Perspektive auch den Iran mit umfassen.

### Das Hauptargument gegen das Neo-Babylon

Gelehrte mögen argumentieren, das alte Babylon wurde zerstört und laut Bibel werde es nicht wieder aufgebaut. Mein Freund Pastor Mike Coleman sagte einmal, ein hebräischer Professor habe ihm mitgeteilt, dieses sei einer der Gründe für Saddams Wunsch gewesen, Babylon wieder aufzubauen – nämlich um die Falschheit der Bibel zu beweisen. Im ganzen Alten Testament finden sich ernsthafte Warnungen der Propheten im Blick auf die völlige Zerstörung von Babylon. Viele Bezüge finden sich in Jeremia 50 und 51:

**Darum werden Wüstentiere mit wilden Hunden darin wohnen, und Strauße werden darin wohnen. Und es soll in Ewigkeit nicht mehr bewohnt werden und keine Wohnstätte sein von Generation zu Generation.** Jeremia 50:39

**... und sage: So wird Babel versinken und nicht wieder hochkommen wegen des Unheils, das ich über es bringe; und sie werden nicht ermüden. Bis hierher gehen die Worte Jeremias.** Jeremia 51:64

Babylon hatte zur Zeit Jeremias Israel eingenommen, Jerusalem zerstört, den Tempel niedergebrannt und die Juden in Gefangenschaft geführt. Jeremia sagte die vollständige Zerstörung Babylons voraus. So ähnelt Jeremias Vorhersage der Prophetie in Offenbarung 17 und 18 in Bezug auf das „Geheimnis Babylon" sehr. Jeremias Babylon ist eine politische Stadt, und das Babylon von Johannes ist ein religiöses und wirtschaftliches System.

Während des Ersten Golfkrieges saß ich während eines Fluges neben einem Rabbi aus Ungarn. Wir diskutierten über den Krieg. Mein Sitznachbar glaubte, Jeremia verweise auf einen zukünftigen Krieg in dem Gebiet des antiken Babylons, dem heutigen Irak. Er fügte hinzu, Amerikas Beteiligung am Golfkrieg erscheine den Warnungen über die Zerstörung Babylons zu entsprechen:

1. Jeremia sagte, eine Nation aus dem Norden würde sich gegen Babylon erheben (Jeremia 50:41). Die Meder und Perser, welche Babylon unterwarfen, kamen aus dem *Osten*. Amerika wird *Nord*amerika genannt.

2. Jeremia sagte, viele Könige würden sich von den Enden der Erde erheben (Jeremia 50:41). Die größte Koalition der Geschichte entstand während des Golfkrieges.

Dann zeigte mir der Rabbi in der Bibel, wo das Babylon aus Jeremia 51 ein zukünftiges Babylon ist, oder der Bereich des heutigen Iraks. Er gab zu bedenken: Das ursprüngliche Babylon wurde niemals in der Art zerstört, wie wir es in Jeremias Prophetie lesen. Sondern das alte Babylon zerfiel langsam zu Ruinen und Schutt. Bei Jeremia heißt es, das von ihm gesehene Babylon würde von einem *„zerstörenden Wind"* vernichtet werden (Jeremia 51:1). Er sagte, *„leuchtende Pfeile"* würden verwendet (Vers 11) und die Festungen würden *„mit Feuer verbrannt"* (Vers 32). Der Rabbi fügte an: *„Während des Golfkrieges oder eines zukünftigen Krieges werden Amerika oder Israel gezwungen sein, nukleare oder andere moderne Waffen einzusetzen (der zerstörende Wind) oder Raketen (Pfeile) bestückt mit mächtigen Waffen, welche die Gegend mit Feuer verbrennen."* Er fuhr fort: *„Falls sich diese Prophetie nicht in diesem Krieg erfüllt, wird es in der Zukunft geschehen und das alte Babylon wird zerstört werden."*

Sollte der Regierungssitz des Antichristen im Irak – dem Gebiet des alten Babylons – liegen, zu welcher Zeit würde diese Gegend dann zerstört werden? Es könnte während eines Krieges mit Israel oder dem Westen verwüstet und für den Antichristen neu erbaut werden. Aber die Nationen der Erde würden niemals die Zerstörung des Irak zulassen, ohne zu fordern, dass der Westen es wieder aufbaut, so wie die USA es in Japan nach dem 2. Weltkrieg taten.

Andere behaupten, der Regierungssitz des Antichristen würde in der Mitte der Trübsal zerstört, und der endzeitliche Herrscher würde seine Armeen dann nach Israel führen. Da Johannes in der Offenbarung sieht, wie das „Geheimnis Babylon" in nur einer Stunde mit Feuer verbrannt wird, und sich diese Prophetie während der letzten 42 Monate der großen Trübsal erfüllen wird, könnte der Irak die Kommandozentrale des Reiches des Tieres während der ersten 42 Monate sein. Nach einem großen Krieg mit dem König des Nordens (Türkei, Daniel 11:40-44) könnte die Gegend des Irak zerstört werden, und der Antichrist würde sich daraufhin Richtung Israel bewegen.

Ohne Zweifel wird der Irak in den letzten Tagen zum Zentrum der Aufmerksamkeit. Genau wie Jerusalem das Himmelstor ist und der Ort, wo Gott seinen Namen platzierte, so war das antike Babylon das Tor der Bosheit und der Ort, wo Betrug und geistlicher Verfall geboren wurden (Sacharja 5:5-11).

Ein letzter Grund, warum ich glaube, dass der Irak zum Hauptsitz des Antichristen werden wird, ist die kommende Zerstörung der umliegenden Nationen vor der siebenjährigen Trübsal. Jesaja 17:1 sagt die vollkommene Zerstörung von Damaskus und Syrien voraus. Damaskus ist die älteste, ununterbrochen bestehende Stadt der Welt und wurde zu keiner Zeit während eines Krieges vollkommen zerstört. Trotzdem wird sie in der Zukunft nicht länger standhalten können. Ebenso lesen wir von der Teilnahme der Perser (Iraner) als einer führenden Nation im zukünftigen Krieg gegen Israel, genannt der Krieg von Gog und Magog. In der Zukunft werden Damaskus (Syrien) und der Iran zerstört. Die eine Nation, die bleibt, liegt zwischen Syrien und dem Iran – der Irak.

# 11

# Das Zeichen des Tieres
# und die Verbindung zum Islam

Und es bringt alle dahin, die Kleinen und die Großen, und die Reichen und die Armen, und die Freien und die Sklaven, dass man ihnen ein Malzeichen an ihre rechte Hand oder an ihre Stirn gibt.

Offenbarung 13:16

Wenn wir einmal annehmen, der zukünftige Antichrist der Bibel sei ein Muslim oder repräsentiere einen Zweig der islamischen Religion, wie passt dann die am meisten beachtete biblische Prophetie über das berüchtigte Zeichen des Tieres in ein islamisches Szenario?

Die Bibel lehrt, das Reich des Antichristen werde ein wirtschaftliches System unterhalten, in dem man mittels eines Zeichens, das aus seinem Namen oder der Nummer seines Namens besteht, kauft und verkauft.

Und es bringt alle dahin, die Kleinen und die Großen, und die Reichen und die Armen, und die Freien und die Sklaven, dass man ihnen ein Malzeichen an ihre rechte Hand oder an ihre Stirn gibt; und dass niemand kaufen oder verkaufen kann, als nur der, welcher das Malzeichen hat, den Namen des Tieres oder die Zahl seines Namens. Hier ist die Weisheit. Wer Verständnis hat, berechne die Zahl des Tieres! Denn es ist eines Menschen Zahl; und seine Zahl ist 666.

Offenbarung 13:16-18

Vers 18 liest sich in der *Amplified Bible* so:

**Hier ist (Raum für) Unterscheidung (ein Ruf nach der Weisheit der Interpretation). Lass jeden, welcher Klugheit (Tiefe und genug Einsicht) besitzt, die Zahl des Tieres berechnen, denn es ist eine menschliche Zahl (die Zahl eines bestimmten Menschen); seine Zahl ist 666.**

Für dieses Königreich ist die Kontrolle aller Käufe und Verkäufe aus verschiedenen Gründen wichtig. Erstens, während der ersten 42 Monate der kommenden Bedrängnis werden Hungersnöte und Gericht eine große Knappheit von Wasser und Nahrungsmitteln mit sich bringen. Johannes zeigt auf, dass es während der ersten 42 Monate, dem ersten Teil der Bedrängnis, nicht regnen wird (Offenbarung 11:2-6). Diese Dürre beeinflusst die Nahrungsversorgung, verursacht Hungersnöte auf einem Drittel der Erde und, wie ebenso in der Offenbarung aufgezeigt, eine Wasserkrise, wenn der Euphrat auf seiner ganzen Länge von 2.700 Kilometern austrocknet. Die Nationen im Nahen Osten waren schon der Verknappung von Trinkwasser ausgesetzt, und andere Regionen haben bereits Schwierigkeiten bei der Versorgung mit Weizen und Reis erlebt, besonders während Dürrezeiten oder durch Heuschrecken.

Die einzige Nation im Nahen Osten mit der Technologie und dem Vermögen, ihre Bevölkerung zu ernähren und mehr als 400 Prozent ihrer Produkte zu exportieren, ist Israel. Es gibt zahlreiche, seit der Schöpfung verborgene, unterirdische Wasserreservoirs, welche jetzt für die Bewässerung von Hunderten von Farmen angezapft werden, die sich von Galiläa im Norden bis zur Arava-Senke im Süden erstrecken.

Regierungen oder einzelne Führer, die das Kaufen oder Verkaufen – besonders von Nahrungsreserven – kontrollieren oder manipulieren können, werden die Massen so weit bringen, dass sie ihnen buchstäblich *aus der Hand fressen* und sich ihrem Willen beugen werden. Menschen tun eigenartige Dinge, wenn sie hungern. Während einer schweren Hungersnot, die in der Bibel beschrieben ist, aßen Frauen ihre eigenen Kinder, um zu überleben (Klagelieder 2:20). Andere aßen Taubendung und Eselsköpfe, um Hunger und Tod zu verzögern (2. Könige 6:25-29).

Laut Josephus wurde Judäa vor der Zeit der Tempelzerstörung (70 nach Christus) von einer schweren Hungersnot heimgesucht. Das brachte Menschen dazu, ihre Lederschuhe zu kochen und zu versuchen, diese zu essen. Die meisten hungernden Menschen würden jeder Religion folgen, die sie mit Nahrung versorgt.

## Was ist das Zeichen des Tieres?

Seit dem 2. Jahrhundert haben Kirchenväter, Bibellehrer und Gelehrte der Prophetie über die „Zeichen"-Prophetie gestritten, jedes Wort seziert, die Geschichte untersucht und Verse verglichen, um das Geheimnis über das Zeichen des Tieres zu entschlüsseln. Der Mangel an Verständnis ist offensichtlich, wenn man ältere Kommentare christlicher Theologen liest:

Trotz zahlreicher Versuche das Zeichen des Tieres mit Namen, Computern, Währungssystemen und ähnlichem zu identifizieren, ist seine genaue Natur unbekannt und bleibt verschlossen, bis sich das Ende nähert. Merrill Unger

Ich bekenne meine Unwissenheit über die Zahl 666. Ich kann dir nichts anbieten, was mich selbst zufrieden stellen würde. Wir fanden als Entschlüsselung der Zahl 666 die Worte „Abfall" und „Überlieferung" heraus: Aber ich kann an diesem Punkt nichts Eindeutiges sagen.[1] John Darby

Irenäus hat nur ungewisse Vorschläge anzubieten und denkt, der Verfasser der Apokalypse beabsichtigte, den Namen bis zum Erscheinen des Antichristen verborgen zu halten. Die Formulierung jedoch deutet an, dass es von Menschen mit der notwendigen

Weisheit entschlüsselbar sei; und die Aufforderung, „lass den, der Verständnis hat, die Zahl berechnen" zeigt die Erwartung des Autors, einige würden das Rätsel lösen.[2]

Isbon Beckwith

Es scheint mir eine jener Zeiten zu sein, welche Gott in Seiner eigenen Macht gelegt hat; wir wissen nur, Gott hat „Mene Tekel" auf all seine Feinde geschrieben; Er hat ihre Tage gezählt, und sie werden vergehen, aber Sein eigenes Königreich wird für immer bestehen.[3]

Matthew Henry Kommentar

Obwohl Gelehrte der vergangenen zweihundert Jahre das Rätsel nicht lösen konnten, trägt uns die Schrift auf, wir sollen die Zahl des Tieres zählen oder errechnen. Was bedeutet es aber, die Zahl des Namens einer Person zu „berechnen"?

## Hebräische Gematrie

Es gibt zwei Hauptsprachen, in denen die Buchstaben des Alphabetes gegen Zahlen ausgetauscht werden können: Griechisch und Hebräisch. Die griechische Sprache enthält 24 Grundbuchstaben – und die hebräische Sprache hat 22 Hauptbuchstaben. Hebräisch benutzt nur Konsonanten, aber keine Vokale. Die Punkte und Markierungen unter oder über verschiedenen Buchstaben bestimmen die Aussprache der Vokale. Die Griechen lernten durch den Einfluss des Mathematikers *Pythagoras*, die Buchstaben durch Zahlen zu ersetzen.

Die hebräischen Mystiker glaubten, das Alphabet verberge bestimmte Geheimnisse, welche durch die Methode der *Gematrie* entschlüsselt werden könnten. Die hebräische Gematrie ist Regel 29 der 32 Regeln der rabbinischen Hermeneutik.

In diesem System hat jeder einzelne hebräische Buchstabe einen Zahlenwert. Nach der Umwandlung eines Buchstabens in eine Zahl, können die Zahlen zum endgültigen Zahlenwert eines Wortes aufsummiert werden. Gelegentlich wird ein ganzer Satz zusammengezählt, um mit der Summe die Bedeutung aller Buchstaben zu erhalten. Hier folgt eine Tabelle für jeden hebräischen Buchstaben. Als Johannes darauf verwies, den Namen des Tieres zu errechnen, bezog er sich auf dieses System, welches unter den führenden Rabbinern und Gelehrten gut bekannt war.

Der grundlegende Übersetzungscode für die einheitliche Gematrie des hebräischen Alphabets ist wie folgt [4]:

| Zahlwert | Hebräisch | Bildzeichen |
|---|---|---|
| 1 | Aleph | א |
| 2 | Bet | ב |
| 3 | Gimel | ג |
| 4 | Daled | ד |
| 5 | He | ה |
| 6 | Vav | ו |
| 7 | Zayin | ז |
| 8 | Heth | ח |
| 9 | Teth | ט |
| 10 | Yodh | י |
| 20 | Kaph | ך כ |
| 30 | Lamed | ל |
| 40 | Mem | ם מ |
| 50 | Nun | ן נ |
| 60 | Samekh | ס |
| 70 | Ayin | ע |
| 80 | Pe | ף פ |
| 90 | Tsadi | ץ צ |
| 100 | Qoph | ק |
| 200 | Resh | ר |
| 300 | Shin | ש |
| 400 | Tav | ת |

## Die Kirchenväter gebrauchten dieses System

Schon die Kirchenväter waren mit diesem System der Austauschbarkeit von Buchstaben und Zahlen vertraut. Offenbarung 13:18 sagt: *„Berechne die Zahl des Tieres! Denn es ist eines Menschen Zahl."* Das griechische Wort für *Mensch* ist *anthropos,* welches im Singular das Wort für *Mensch* wie auch für *Menschheit* ist. Manche sagen der Satz könnte lauten: *„Es ist der Menschheit Zahl."* Verschiedene Kirchenväter versuchten, bestimmte Namen oder Sätze zu berechnen und zu identifizieren, von wo der Antichrist oder sein System sich erheben würden.

Der Apostel Johannes hatte einen Studenten namens Polykarp, der wiederum Irenäus lehrte (140-203 nach Christus). Ein bekanntes Beispiel der Gematrie ist, als Irenäus die Buchstaben des Wortes *LATEINOS* nahm und aus ihnen die Summe 666 herleitete.

| L | A | T | E | I | N | O | S | Summe |
|---|---|---|---|---|---|---|---|---|
| 30 | 1 | 300 | 5 | 10 | 50 | 70 | 200 | 666 |

Irenäus sagte: *„Es scheint mir sehr glaubhaft: denn dies ist ein Name des letzten der vier Königreiche von Daniel; es sind die Lateiner, die jetzt regieren."* Da das vierte Königreich der biblischen Prophetie Rom war, und Rom in den ersten vier Jahrhunderten regierte, nahmen viele der frühen Väter gemeinhin an, das letzte Weltreich vor der Rückkehr Christi würde eine Form des Römischen Weltreiches aufweisen.

Schließlich verschwand das Römische Weltreich und wurde durch die römische Kirche ersetzt, welche in Europa und Teilen des Mittleren Ostens den Aufstieg und Fall von Königen kontrollierte und den größten Teil des alten römischen Territoriums beeinflusste. In der römischen Kirche wurde die lateinische Sprache eingeführt und benutzt; daher behält die Entschlüsselung des Wortes *Lateinos* im Zusammenhang mit der Zahl 666 eine starke Anhängerschaft.

Später kamen Widersprüche auf, als man darauf hinwies, dass die griechischen Autoren richtigerweise das Wort *Lateinos* auf lateinisch hätten *Latinos* schreiben müssen. Die korrekte Schreibweise (mit Wegfall des Buchstabens *e*) verändert den Zahlenwert auf 661 und ergibt nicht mehr 666. (In der ursprünglichen Schreibweise wurde *ei* benutzt, weil *ei* im Lateinischen für den langen Buchstaben *i* gebraucht wird.)

Eine weitere, anderslautende Theorie entwickelte sich, als das Pergament einer alten Schriftrolle in Ägypten entdeckt wurde. Es stellte sich als kleines Schriftrollenfragment von Offenbarung 13 heraus – eben dem Abschnitt, der die Zahl des Tieres behandelt. Dieses Fragment addiert auf 616 und nicht auf 666. Die meisten Gelehrten glauben aber, dass dieses eine spätere Version war und haben diese Theorie abgetan.

Weil der grausame Imperator Nero die schweren Verfolgungen der Gemeinde im ersten Jahrhundert initiierte, dachten viele Christen in der Gemeinde des 1. Jahrhunderts, er sei das Tier der Apokalypse. Nero herrschte 14 Jahre lang in Rom und wurde dann für die Brandstiftung an der Stadt zum Tode verurteilt. Er entkam, doch mit 31 Jahren beging er auf einem schmutzigen Feldbett Selbstmord. Der Geschichtsschreiber Tacitus berichtet 69 nach Christus von dem Gerücht, Nero habe seinen Tod vorgetäuscht und sei versteckt worden, um in der Zukunft wieder aufzutreten.

Als Johannes (um 95 nach Christus) die Apokalypse schrieb, erwähnte er, beim Antichrist wäre „... *einer seiner Köpfe wie zum Tod geschlachtet. Und seine Todeswunde wurde geheilt ...*" (Offenbarung 13:3). Jahrhunderte später interpretierten einige Kirchenväter (im zweiten, dritten und bis ins vierte Jahrhundert hinein) die Bedeutung dahingehend, Nero würde sich wieder erheben und seine „Todeswunde" würde geheilt werden. So würde dieser böse, gottlose Imperator zum Antichristen. Hier dazu drei Zitate:

**Nero wird sich aus dem Tode erheben, wieder in Rom erscheinen, die Gemeinde noch einmal verfolgen und schließlich vom Messias vernichtet werden, der in Seiner Herrlichkeit erscheinen und vom Propheten Elia begleitet werden wird.** Victorinus (304 nach Christus)

**Nero wird der Vorbote und Wegbereiter des Teufels sein, er kommt, um die Erde zu verwüsten.** Lactantius (250-325 nach Christus)

**Nero, der gemeinste aller Menschen und Gottlosen, war äußerst würdig der erste Verfolger zu sein; ich weiß nicht, ob er der letzte sein wird, da es die gängige Meinung vieler ist, er sei der kommende Antichrist.** Sulpicius Severus (400 nach Christus)

Die Theorie der Rückkehr Neros aus der „Grube" und Wiedererhebung als der zukünftige Antichrist wurde von einigen verstärkt; denn sein Name wurde aus dem Lateinischen ins Hebräische transkribiert. Der Buchstabe *n* wurde der Codierung hinzugefügt, um der hebräische Buchstabierung von Neros Namen zu genügen. So wurde der lateinische Name „Nero Caesar" zu *Nrwn qsr*. Mit der hebräischen Entsprechung jedes einzelnen Buchstaben und der Zuordnung der jeweiligen Zahlenwerte ergibt sich die Summe 666 (siehe die *Lateinos-*Tabelle auf der vorangegangenen Seite).

Warum würden intelligente und kenntnisreiche Bibelgelehrte eine Theorie annehmen, in der ein Imperator, der vor über 300 Jahren starb, aus dem Grab zurückkäme, um zum Antichristen zu werden?

Es scheint, als läge ein Missverständnis bei der Interpretation von Schriftstellen aus dem Buch der Offenbarung vor. So wie ich bereits vorher gesagt habe, sah Johannes das Tier mit einer Wunde an einem seiner Köpfe und die tödliche Wunde wurde plötzlich geheilt. Da Nero der erste Christen-Verfolger war, wurde *vermutet*, er würde zurückkehren und so auch der letzte Verfolger sein.

Ein zweiter Hinweis verstärkte diese Spekulation über Neros Rückkehr. Er lautet wie folgt:

**Das Tier, das du gesehen hast, war und ist nicht und wird aus dem Abgrund heraufsteigen und geht ins Verderben; und die Bewohner der Erde, deren Namen nicht im Buch des Lebens geschrieben sind von Grundlegung der Welt an, werden sich wundern, wenn sie das Tier sehen, dass es war und nicht ist und da sein wird.** Offenbarung 17:8

In dieser Prophetie kann man eine interessante Beobachtung machen: Erstens, das Tier (der Antichrist und sein Reich) *war* (also existierte vormals), und *ist nicht* (er lebte nicht im Jahr 95 nach Christus, als Johannes die Apokalypse verfasste) und *ist* (oder ist jetzt im Abyssus, dem Abgrund, gefangen – einem Ort unter der Erde). Weil Nero war und zur Zeit, als Johannes die Offenbarung niederschrieb (95 nach Christus), nicht war, schlussfolgerte man, Nero würde eines Tages aus der Hölle zurückkommen, und es würde ihm erlaubt sein, wieder zu herrschen und Zerstörung über die Erde zu bringen.

## Die Kennzeichnung jeder Person

Jahrhundertelang fragten sich Prediger und Gelehrte verwundert, wie denn jeder Mensch ein Zeichen auf Hand oder Stirn erhalten könnte. Die Welt erschien so groß und die Bevölkerung so weit verstreut, dass es viele Jahre dauern würde, die ganze Welt zu kennzeichnen. Trotzdem sagt die Bibel: *„Er zwingt jeden das Zeichen anzunehmen."*

Mit der Erfindung moderner Computer haben viele Studenten der Prophetie gelehrt, dass das „Zeichen" mit einer Art von Computer verbunden sei, da Informationen weltweit durch Computersysteme verknüpft sind. In den 1980er Jahren kam eine Geschichte in den Umlauf, die Europäische Union, mit ihrem Regierungssitz in Brüssel (Belgien), habe einen neuen Supercomputer gebaut, fähig, Informationen über jeden Erdenbürger in seinen großen Datenspeicher aufzunehmen. Der Bericht fuhr fort, dieser Supercomputer sei so groß, dass sein Spitzname *das Tier* sei. Plötzlich kam das prophetische Interesse an Offenbarung 13 wieder an die Oberfläche. Das größte Argument dagegen, diesen oder jeden anderen Computer zum *Tier* der Offenbarung zu machen, ist: Das Tier ist mit dem Personalpronomen *er* gekennzeichnet, und ein Computer ist ein *Es* (Neutrum), kein maskuliner *Er*. Zweitens wird bei der Rückkehr Christi „das Tier den brennenden Flammen übergeben", was auf die Hölle verweist. Es gibt keinen Grund für Christus, einen Computer in die Hölle zu schicken.

Schließlich entstand ein anderes System, was mit Informationen auf Produkten beim Kaufen und Lagern verbunden ist. Es war der Barcode, der auf Produktetiketten und Kisten gedruckt wird und in Zukunft angeblich mit unsichtbarer Tinte auf die Haut gebracht werden könne.

Die heute am meisten gebräuchliche Theorie beinhaltet einen neuen Typ von Computerchip, kleiner als ein Reiskorn, der mit Millionen von Informationsbits unter die Haut implantiert werden kann. Diese Geräte werden derzeit in Haustiere implantiert, um diese auffinden zu können, wenn sie ihren Eigentümern entlaufen sind. Anfang der 1990er Jahre predigte ich in Brooksville, Florida, wo ich einen Mann kennenlernte, der Elektronik-Teile für russische Satelliten zusammenlötete. Er konnte von Zuhause aus mit dem Spaceshuttle kommunizieren und verwendete dazu fortschrittliche Computer und spezielle Ausrüstung. Er berichtete von Tests mit einem kleinen Chip, der eines Tages unter die Haarlinie der Stirn einer Person oder unter die Haut der rechten Hand implantiert werden könne. Der Chip arbeite mit einer besonderen Batterie, die durch die Wärme des menschlichen Körpers beständig aufgeladen werde. Der Mann glaubte, dieser Chip würde eines Tages alle Ausweise ersetzen.

Seit der Entwicklung dieses besonderen Chips wurde berichtet, zu einer vordatierten Zeit würde jeder in den Vereinigten Staaten gezwungen sein, eines dieser Implantate anzunehmen, entweder an der rechten Hand oder an der Stirn. Jeder Chip könne persönliche Daten tragen, die mit Scanner gelesen werden können.

Solche Scanner existieren schon und werden in großen Freizeitparks wie Disney World in Orlando, Florida, angewandt. Beim Einchecken in ein Hotel im Disney Park bekommt man eine spezielle Karte. Aber Karten können verloren gehen. Darum steckt man beim Eintritt in den Hauptpark seine Karte in ein Lesegerät und legt einen Finger auf einen Scanner. Dieses erstaunliche Abtastgerät liest die Linien der Finger und versieht jede Linie mit einer Zahl. Jedes menschliche Wesen hat einen

Fingerabdruck, welcher es von allen anderen Personen auf der Welt unterscheidet. Falls die Karte verloren gehen sollte, kann der Scanner jede Person genau identifizieren, die Zutritt zum Park hat.

Es gibt noch weitere neue Scanner, welche die Netzhaut eines menschlichen Auges abtasten. Diese wurden erfolgreich in Gefängnissen eingesetzt und werden möglicherweise zukünftig auf Flughäfen benutzt, um Passagieren beim Einsteigen in das Flugzeug zu identifizieren. Genau wie der Fingerabdruck hat die Netzhaut des menschlichen Auges eine besondere Struktur.

Bei Einsatz der großen Computer, Computerchips, Handscanner und Augenscanner kann man sich nirgends mehr verstecken. Diese Scanner können Informationen aufzeichnen und einspeichern. Schaut man aber zurück auf den Text in Offenbarung, gibt es drei Weisen, auf die eine Person kaufen oder verkaufen kann:

- Mit dem *Zeichen* des Tieres
- Mit dem *Namen* des Tieres
- Mit der *Zahl* seines Namens

### Die ältesten Handschriften

Eine weitere interessante Einsicht über das Zeichen des Tieres erhält man, wenn man eine der ältesten griechischen Handschriften untersucht. In den meisten der heutigen Übersetzungen der Heiligen Schrift wird die Zahl 666 so buchstabiert „sechshundert, sechzig und sechs." Aber in manchen der ältesten Handschriften des Neuen Testaments wird die 666 tatsächlich durch drei griechische Buchstaben identifiziert.

Erasmus (1516) verwendete Handschriften aus dem 12. und 13. Jahrhundert, welche den byzantinischen Text, den Koine-Text und den Mehrheitstext darstellten. Alle griechischen Neuen Testamente, die vor Mitte des 15. Jahrhunderts übersetzt wurden, kopierte man von Hand. Dabei wurde eines dieser drei Manuskripte verwendet.

Nach der Mitte des 15. Jahrhunderts basierten moderne Versionen des griechischen Neuen Testamentes auf dem byzantinischen Manuskript, auch bekannt als der *Textus Receptus,* von Erasmus im Jahr 1516 zusammengestellt, oder auf dem *Novum Testamentum Graece,* bearbeitet 1898 von Eberhardt Nestle.

Für drei Jahrhunderte – bis ins 20. Jahrhundert – blieb der *Textus Receptus* der hauptsächliche Text. Dieser Text wurde 1611 von den Übersetzern der *King James Bibel* benutzt, welche die erste vom König genehmigte englische Bibel war. Als die Kirchenväter aus dem griechischen Neuen Testament zitierten, benutzten sie also das Manuskript, welches als byzantinischer Text oder als *Textus Receptus* bekannt ist.

In einer alten griechischen Handschrift wird das Zeichen des Tieres durch drei griechische Ziffern angegeben, bekannt als *Chi, Xi,* und *Stigma.* Diese drei Buchstaben kann man sowohl im ägyptischen Text aus dem dritten Jahrhundert als auch im

Mehrheitstext finden. Das moderne Griechisch schreibt diese Buchstaben aus. Anstatt diese drei Buchstaben zu benutzen, addierte Nestle im späten 19. Jahrhundert den Zahlenwert auf 666.

Der Grund für die Zahlen 600, 60 und 6 (666) ist die Gematrie dieser drei griechischen Buchstaben. Der Buchstabe *Chi* hat den griechischen Zahlenwert 600. Der Buchstabe *Xi* hat den Wert von 60, und der Buchstabe *Stigma* hat den Wert 6. So ergeben die drei griechischen Buchstaben in dem ältesten niedergeschriebenen Manuskript der Offenbarung 13:18 die Summe 666. Der griechische Buchstabe *Chi* hat eine Form, die dem hebräischen Buchstaben *Tav* ähnelt, dem 22. und letzten Buchstaben des hebräischen Alphabets. Der Buchstabe *Chi* erscheint als ein *X* und die alte Form von *Tav* ist ein + oder ein *X*. Der griechische Titel *Christus* beginnt mit dem Buchstaben *Chi (X)*. In der frühen römischen Kirche war der Buchstabe *Chi-rho* das Zeichen oder Monogramm des christlichen Roms.

Der zweite griechische Buchstabe in der Offenbarungshandschrift ist der Buchstabe *Xi*. Dieser Buchstabe ist als *x* kodiert. Unser deutscher Buchstabe *x* hat die gleiche Form wie der Buchstabe *Tav* auf Hebräisch und *Chi* im Griechischen. Der Ziffernwert von *Xi* ist 60.

Der letzte Buchstabe ist einzigartig. Nach Kommentaren zum griechischen Neuen Testament gibt es 24 Buchstaben im griechischen Alphabet plus drei veraltete Buchstaben, einer davon ist *Digamma,* auch bekannt als *Stigma.* Der Buchstabe *Stigma* wird im modernen Griechisch nicht mehr gebraucht und ist heute durch den Buchstaben *Sigma* ersetzt. In frühen Zeiten wurde er als der sechste Buchstabe des griechischen Alphabets benutzt. *Stigma* war auch ein Zeichen, mit dem während römischer Zeit Sklaven gekennzeichnet wurden. *Stigma* entspricht dem Buchstaben *s* und seine Zahl entspricht der 6.

Die Standard-Gematrie für das griechische Alphabet ist wie folgt [5]:

| Griechischer Buchstabe | Griechische Bezeichnung | Zahlenwert |
|---|---|---|
| A, α | Alpha | 1 |
| B, β | Beta | 2 |
| Γ, γ | Gamma | 3 |
| Δ, δ | Delta | 4 |
| E, ε | Epsilon | 5 |
| | | 6 ist Sigma, Ϛ in seiner letzten Form |
| Z, ζ | Zeta | 7 |
| H, η | Eta | 8 |
| Θ, θ | Theta | 9 |
| I, ι | Iota | 10 |
| K, κ | Kappa | 20 |
| Λ, λ | Lamda | 30 |
| M, μ | Mu | 40 |
| N, ν | Nu | 50 |
| Ξ, ξ | Xi | 60 |
| O, o | Omikron | 70 |
| Π, π | Pi | 80 |
| | | 90 ist Ϙ |
| P, ρ | Rho | 100 |
| Σ, σ, ς | Sigma | 6, 200 |
| T, τ | Tau | 300 |
| Y, υ | Upsilon | 400 |
| Φ, φ | Phi | 500 |
| X, χ | Chi | 600 |
| Ψ, ψ | Psi | 700 |
| Ω, ω | Omega | 800 |
| | | 900 = sampsi ϡ |

Warum benutzt man diese drei griechischen Buchstaben und nicht nur die Zahl 666? *Barnes* kommentiert dies wie folgt:

> **Es kann kein Zweifel daran bestehen, dass die Zahl 666 die richtige Lesart ist, jedoch scheint es, dass dieses manchmal in Buchstaben ausgedrückt wird, und manchmal voll ausgeschrieben. Wetstein vermutet, dass beide Methoden von Johannes verwandt wurden; in der ersten Kopie seines Buches verwandte er die Buchstaben, und in der folgenden Kopie schrieb er es voll aus.** [6]
>
> Anmerkung von Barnes zu Offenbarung 13:18

Tatsächlich war aber niemand in der Lage, ein klares und solides Verständnis über die endgültige prophetische Bedeutung dieser drei griechischen Buchstaben zu geben, noch wie sie zu dem Namen, der Zahl oder dem Zeichen des Tieres passen. Dennoch mag es eine recht sonderbare „Verbindung" zwischen der Form oder Gestalt dieser drei Buchstaben und einigen Symbolen geben, die mit der islamischen Religion verbunden sind.

### Könnten die Buchstaben Symbole sein?

Alle 22 Buchstaben des hebräischen Alphabets werden nicht nur zur Bildung von Worten gebraucht, sondern jeder einzelne Buchstabe hat auch ein besonderes Symbol, das ihn repräsentiert. Der erste Buchstabe, *aleph*, stellt einen Ochsen dar. Das Symbol des zweiten Buchstabens, *beit*, stellt ein Haus dar, und der dritte Buchstabe, *gimel*, zeigt ein Kamel. Diese Symbole existierten, ehe das Alphabet aus Buchstaben gebildet wurde. Die Symbole wurden zunächst verwendet, genauso wie die Ägypter Hieroglyphen benutzten oder Bildwörter, die beim *Lesen* ihre Botschaft offenbarten.

Möglicherweise sind diese drei griechischen Buchstaben – *Chi*, *Xi* und *Stigma* – versteckte Hinweise, die uns mit ihrer Symbolik mehr Einsicht über das zukünftige Tier und seine Religion geben.

| Griechische Buchstaben, die „666" repräsentieren (Offenbarung 13:18 – Byzantinischer Text) | | |
|:---:|:---:|:---:|
| X | ξ | ς |
| CHI | XI | STIGMA |
| 600 | 60 | 6 |

## Chi

Der erste dieser drei griechischen Buchstaben ist der Buchstabe *Chi*. Er hat die Form eines Symbols, welches wie unser Buchstabe *x* aussieht. Im Griechischen hat dieser Buchstabe einen *ch*-Laut, und stellt auch die ersten beiden Buchstaben im griechischen Wort *Christos* dar, was *Christus* bedeutet. Falls mit diesem Buchstaben ein *Zeichen* oder ein *Symbol* gemeint sein sollte, gibt es dann eine Verbindung zu einer bestimmten Nation oder Religion, die ein Emblem oder Zeichen benutzen, welches dem Buchstaben *Chi* ähnelt?

Interessanterweise sind auf der saudi-arabischen Staatsflagge zwei Schwerter abgebildet, die vor einem grünen Hintergrund einander überkreuzen. In Bezug zum Islam ist Saudi-Arabien das wichtigste Land der Erde. Dort empfing der islamische Prophet Mohammed seine Offenbarungen, welche die islamische Religion in Mekka begründeten. Diese Stadt liegt in Arabien und ist heute der weltweite Hauptsitz für alle Muslime. Mekka beherbergt die berühmte Kaaba, wohin jedes Jahr Millionen Muslime ihre *haji* (Pilgerreise) unternehmen. In Saudi-Arabien liegt auch Medina, die Stadt mit der Grabstätte Mohammeds. Saudi-Arabien ist ein solch strenges islamisches Land, dass es alle anderen Religionen unterdrückt; jede andere islamische Form religiöser Anbetung ist verboten und wird mit Gefängnis und in manchen Fällen sogar mit dem Tod bestraft. Bestimmte Bestrafungen werden durch Enthauptung durchgeführt, was der Koran unter bestimmten Umständen erlaubt.

## Xi

Recht interessant wird es, wenn man die Form des zweiten griechischen Buchstabens aus Offenbarung 13:18 betrachtet. Es handelt sich um den griechischen Buchstaben *Xi*.

Ehemalige Muslime haben bemerkt, der griechische Buchstabe *Xi* ähnelt in der Erscheinung dem arabischen Buchstaben, welcher den Namen *Allah* bildet, die Bezeichnung für *Gott*, die weltweit unter allen Muslimen benutzt wird. Christen gebrauchen die Bezeichnung „der Herr" oder sagen einfach „Gott". Juden verwenden den Namen *Adonai*, welcher eine übliche Bezeichnung für den Gott Abrahams ist. Die Muslime gebrauchen jedoch den Namen *Allah*.

Alle Muslime werden sagen, dieser Name Allah sei der Name für denselben Gott, den auch Juden wie Christen anbeten. Doch Gelehrte haben festgestellt, dass der Name Allah kein von Mohammed gebildeter Name ist, sondern zu einer vorislamischen Mondgottheit gehörte, die von den Arabern auf der arabischen Halbinsel angebetet wurde. Manche Gelehrte gehen soweit zu vermuten, dass Mohammed den Namen benutzt haben mag, um viele der Stammesangehörigen zu gewinnen, die vor seinen Offenbarungen die Anbetung des Mondes praktizierten.

## Stigma

Auch die Form des dritten griechischen Buchstabens, *Stigma,* gleicht einem Symbol von etwas oder jemandem in der islamischen Religion. Wie zuvor ausgeführt, ist *Stigma* kein Buchstabe der heutigen griechischen Sprache; er wurde als Brandmal eingesetzt, um Sklaven zu kennzeichnen. E. W. Bullinger erklärt: „Nun bedeutet das Wort στζγμα *(Stigma) ein Mal,* aber besonders ein Mal durch ein *Brandzeichen* auf Sklaven, Vieh oder Soldaten durch ihre Eigentümer oder Herren; oder auf Anhängern, die sich dieses selbst einbrannten, um ihre Zugehörigkeit zu ihren Göttern zu zeigen." [7]

Vor einigen Jahren, und zwar genau drei Tage vor einem großen islamischen Feiertag, wurde im usbekischen Dorf *Durmen* ein Lamm geboren. Dieses Lamm sorgte für große Aufregung, denn auf dem schwarzen Lammfell zeigte ein weißes Muster auf der einen Seite das arabische Wort für Allah und auf der anderen Seite das Wort für Mohammed. Dreht man den dritten griechischen Buchstaben, *Stigma,* seitwärts, so wie er auf dem Fell des Lammes in Usbekistan erschien, dann ähnelt er einem Buchstaben, von dem die Dorfbewohner glaubten, er repräsentiere den Namen Mohammeds.

Die Auffassung, diese Buchstaben könnten Symbole darstellen, mag eine neue Idee zeitgenössischer Christen sein; behalte aber trotzdem im Sinn, dass während der 1.900-jährigen Kirchengeschichte niemand den Code des Zeichens erfolgreich entschlüsselte. Es gab Spekulationen, er sei mit Computern, besonderen Chips oder unsichtbaren Tätowierungen verbunden. Aber dieses Zeichen des Kaufens und Verkaufens wird vom falschen Propheten der Offenbarung 13:11-18 eingeführt. Daher ist die wirtschaftliche Kontrolle mit der Religion des Tieres verbunden und nützt denen, die seinen Befehlen folgen. Das Zeichen, der Name und die Zahl sind drei verschiedene Methoden, um während der Bedrängnis die begrenzt verfügbaren Ressourcen zu kontrollieren, insbesondere die Nahrungsmittel.

Es ist klar, das Weltreich des Tieres herrscht im Mittelmeerraum, der eine Hochburg des islamischen Glaubens ist. Sollten diese drei Buchstaben, wie es einige ehemalige Muslime behaupten, Symbole sein, dann folgt daraus:

1. Der Buchstabe *Chi* kann auf ein Symbol mit zwei Schwertern deuten, das in Saudi-Arabien, dem Hauptsitz der islamischen Religion, benutzt wird.

2. Der Buchstabe *Xi* kann auf den Namen eines Gottes hinweisen, der während der Zeit der Bedrängnis angebetet werden wird.

3. Der geheimnisvolle Buchstabe *Stigma* kann sich auf das Zeichen beziehen, das auf der rechten Hand und der Stirn genutzt werden wird, um während der Trübsal die Nachfolger des Antichristen zu versklaven.

Zur Erinnerung: Zusammen repräsentieren *Chi, Xi und Stigma* die Zahl des Menschen.

## Die Zahl Sechs

In der ganzen Bibel haben Zahlen eine besondere Bedeutung. Beispielsweise bezieht sich die Zahl drei auf Einheit:

- Glaube, Hoffnung und Liebe
- Körper, Seele und Geist
- Vorhof, Heiligtum und Allerheiligstes

Die Zahl sieben wird 463-mal in der Bibel angegeben. Sieben bezieht sich immer auf Fülle und Vollendung und führt oft zu irgendeiner Form von Perfektion. Sie wird Gottes vollkommene Zahl genannt. Andere Zahlen, wie die 12, deuten auf Regierung oder göttliche Ordnung. Es gab zwölf Stämme in Israel, zwölf Jünger und 24 Älteste (2 x 12). Die Zahl sechs wird als Zahl des Menschen betrachtet. Gott formte den Menschen am sechsten Tag der Schöpfung (1. Mose 1:27-31). Dem Menschen wurden sechs Tage zur Arbeit gegeben, und er sollte am siebten Tag ruhen (2. Mose 20:9-10). Goliath, der Riese aus Gat, war sechs Ellen und eine Spanne groß, trug sechs Waffen, einschließlich dem Schaft seines Speeres, der 600 Schekel Eisen wog (1. Samuel 17:4-7).

Das von Nebukadnezar aufgestellte Standbild in Babylon (einem Bild des zukünftigen Abbildes des Tieres) war 60 Ellen hoch und seine Breite war sechs Ellen (Daniel 3:1).

Es ist einzigartig, wie sehr die Zahl Sechs mit der islamischen Religion verbunden ist:

- Mohammed sah sich im Jahr 622 gezwungen, aus Mekka nach Medina zu fliehen (die *Hijra)*.
- Muslime beten am sechsten Tag der Woche an (freitags).
- Der Name Mohammed kann in Summe 666 ergeben.

Dass die Zahl sechs eine Verbindung zum islamischen Glauben hat, mag zufällig erscheinen, aber erwäge, wie eng die Ziffer Sieben mit dem jüdischen Volk verbunden ist. Die religiösen Juden beten am siebten Tag an, haben jedes siebte Jahr ein Jubeljahr und sollen alle sieben mal sieben Jahre ein nationales Jubeljahr feiern (3. Mose 25). Mir ist klar, wenn man die Bedeutung eines Zeichens, das die Nachfolger eines zukünftigen Weltdiktators versiegeln wird, auf diese Weise betrachtet, werden viele Menschen solch eine Theorie „abtun". Obwohl ich persönlich nicht auf diese Annahme bestehe, möchte ich dich bitten, hierüber selbst nachzudenken und nachzuforschen. Ich glaube, diese Auffassung verdient Beachtung.

## Ein Name, eine Zahl und ein Zeichen

### Die Stirn und die rechte Hand

Beim Beten beugen sich Muslime in Richtung Mekka in Saudi-Arabien. Die frömmeren Muslime drücken ihre Stirn gegen den Boden, was schließlich zu einem hellen roten Fleck auf ihrer Stirnmitte führt. Strenggläubige Muslime tragen auch Gebetsschnüre mit sich und bewegen die Gebetsketten während des Gebetes mit ihren Fingern.

### Sanktionen gegen Nationen

In der Vergangenheit hat der Sicherheitsrat der Vereinten Nationen wiederholt dafür gestimmt, bestimmte Nationen mit Sanktionen zu belegen, wenn sie daran beteiligt sind, Massenvernichtungswaffen zu bauen oder wenn viele unschuldige Opfer unter dem Kommando eines grausamen Diktators ermordet werden. Dann haben die Vereinigten Staaten aber auch wirtschaftliche Sanktionen und Handelssperren für die Unterstützung des Terrorismus wie auch für den Verkauf gefährlicher Waffen über Nationen wie Iran, Libyen und den Irak verhängt.

Oft haben diese Zwangsmaßnahmen nur wenig Einfluss auf den Diktator oder die Führung eines Landes, aber schreckliche Auswirkungen für die in jenen Ländern lebenden gewöhnlichen Familien. Notwendige Artikel wie Medizin, Säuglingsnahrung, Windeln und Grundnahrungsmittel gibt es nur begrenzt und zu hohen Kosten. Der durchschnittliche Einwohner leidet, während die Führer ihre Verbindungen zum Schwarzmarkt nutzen, um alles, was ihr Herz begehrt, über wenig kontrollierte Grenzen ins Land zu schmuggeln.

Ein Teil des Ärgers gegen den Westen, besonders gegen die Vereinigten Staaten, ist verursacht durch die Sanktionen, die jahrelang über islamische Länder verhängt wurden. Viele in der arabischen und islamischen Welt sehen diese als politische Werkzeuge, um die Armen der Länder und jene, die zum Überleben auf westliche Hilfe angewiesen sind, zu töten. Wegen der sie beeinflussenden Propaganda bemerken sie nicht, dass die Sanktionen verhängt wurden, um den Herrscher zu veranlassen, auf zivilisierte Art zu regieren. Die Propagandamaschinerie betont das Böse des Westens und hebt seinen negativen Einfluss auf die Kinder und ihre Eltern hervor.

Dieses zukünftige Zeichen des Tieres wird eine *umgedrehte Sanktion* sein. Niemand kann kaufen oder verkaufen ohne das Zeichen, den Namen oder die Zahl des Tieres anzunehmen. Der endgültige Ausweg, das Zeichen nicht annehmen zu müssen, ist der Tod durch Enthauptung (Offenbarung 20:4). Sollte also der Antichrist von einem islamischen Hintergrund unterstützt werden oder von dort herrühren, wird der Islam seine Form von Vergeltung bei der Kontrolle der zehn Nationen und der Wirtschaft einsetzen.

## Die zwei wertvollsten Güter

Ich bin weder Ökonom, Spezialist für den Aktienmarkt noch Investor. Über mehr als 34 Jahre im Predigtdienst habe ich alle Einnahmen aus Geldsammlungen, Büchern und Predigtaufnahmen in meinen Dienst zurückfließen lassen. Ich habe zahlreiche Freunde und Geschäftspartner, die sich auf dem

Gebiet der Investitionen gut auskennen. Heute gibt es einige bestimmte Gebiete, auf die die Investoren ihr Hauptaugenmerk gelegt haben.

Einige Jahre lang fuhr der Aktienmarkt Achterbahn; er stieg, um dann plötzlich zu fallen, und hinterließ bei den Investoren ein seltsames Gefühl in der Magengrube, wenn sie atemlos zusehen mussten, wie sich die Börsenkurve auf ihren Tiefpunkt zu bewegte. Unkalkulierbare Einflüsse wie Terrorangriffe, gesellschaftliche Skandale und plötzliche Arbeitsplatzverluste können für den normalen Aktienkäufer einen Schaden von Tausenden von Dollar ausmachen.

Andere sagen, die Investition in Grund und Boden sei die beste Zukunftsinvestition. Mein Großvater besaß einige Anteile an vermieteten Immobilien, die ihm und meiner Großmutter besonders während ihres Alters als Einkommensquelle dienten. Alleinstehende wie auch Familien werden immer Wohnungen, Mehrfamilienhäuser zur Miete oder als Besitz benötigen. Trotzdem kann jede große Rezession, Depression und jeder Einbruch des Stellenmarktes diesen Bereich beeinflussen. Oftmals lebten Menschen in den Wohnungen meines Großvaters, die ihren Arbeitsplatz im Bergbau verloren hatten und dann monatelang keine Miete zahlen konnten.

Einige behaupten, ein gewisser Prozentsatz des persönlichen Portfolios sollte aus kostbaren Metallen bestehen, einschließlich Silber- und Goldbarren oder -münzen. Die Geschichte scheint zu belegen, dass in Zeiten wirtschaftlicher Krisen wertvolle Metalle gute Investitionen sind. Natürlich muss man dann jemanden kennen, der diese auch kaufen möchte. Während der Weltwirtschaftskrise richteten viele Regierungen ein System der Essensrationierung ein. Familien erhielten jeden Monat Essensmarken. Diese Marken begrenzten die Menge von Brot, Weizen und Schmalz, die eine Familie kaufen konnte.